不开玩笑

关于幽默、喜剧和脱口秀的严肃讨论

史炎

著

湖南文艺出版社
HUNAN LITERATURE AND ART PUBLISHING HOUSE

博集天卷
CS-BOOKY

我们都是天生的喜剧演员

"现实"加"梦想"加"幽默"等于"智慧"
——林语堂

在交完书的稿子之后我得知，还要给自己的书写一篇序。这个需求既突如其来，又命中注定。这感觉就像你回老家过完年，把自己的东西规规整整装进行李箱，临行前妈妈又给你塞了一塑料袋的面包、水果、零食让你路上吃。

不知道为什么，"自序"这个词总能让我联想到自白，甚至是自首，感觉像是我被关在一个没有窗户的审讯室里，一个读者给我端来一杯非常难喝的咖啡，然后在昏暗的灯光下说一句："说说吧，写书这个事你是怎么想的。"

我从 2012 年开始说脱口秀（单口喜剧）[①]，到现在已经 11 年了。从 2016 年开始，尤其是创立了自己的厂牌"猫头鹰喜剧"之后，我也做了很多脱口秀和幽默表达的培训，感觉是时候做一个阶段性的总结了。之前总觉得自己积累得还不够，还没准备好，所以迟迟没有动笔，后来我意识到写书和脱口秀开放麦[②]一样，没有什么绝对意义上的"准备好"，所以就有了现在的这本《不开玩笑》。

当然，我必须承认，脱口秀对很多人来说还是一个"可以，但没必要"的存在。所以，在本书的前半部分，我先探讨了一些更具有普遍性的幽默原理和技巧，像是一顿饭主菜之前的开胃菜，或是体育训练前的热身。每一小节都是独立的，相互之间不会有太多的关联，你可以翻开目录，从任何一个你感兴趣的标题开始；你可以利用通勤、排队或者在咖啡馆等"马上就到"的朋友的碎片化时间，日拱一卒。

幽默并不总要求一个人能说会道，更多时候，它是一个视角，一个镜头，一个你观察生活时加上的滤镜。幽默很难改变你的生活，但至少会让它看起来不那么糟。就像冯内古特所说的

---

① 本书中"脱口秀"和"单口喜剧"均指的是一个人在剧场表演的喜剧形式，由英文 stand-up comedy 翻译而来，两个名称在含义上没有区别，本书会根据语境和习惯选择使用，特此说明。英文中的 talk show（电视访谈节目）也被翻译成脱口秀，但不是本书讨论的范畴。
② 脱口秀演员练习和打磨段子的场子，也泛指其他音乐和喜剧形式的练习场。

"幽默是一种让我们远离残酷生活，从而保护自己的方式"，此时我们用幽默这块钢锻造出的是铠甲，而非武器。但这并不意味着幽默不能主动出击，恰恰相反，幽默在表达和沟通的过程中是提升效率的利器，作用无可替代——当你把人逗笑时，对方把他的心智短暂地交给了你。幽默像是思维的特洛伊木马，让对方门户大开地把你想要传递的信息迎进自己的心智。

在绝大多数情况下，剖析幽默是一件费力不讨好的事情。正如著名作家 E.B. 怀特所说，剖析幽默就像解剖青蛙——没有人感兴趣，青蛙也死了。如果我冒着风险进行的这部分幽默探讨，能在日常生活和创意工作中给大家带来一些启发，那应该算是不幸中的万幸了。

在关于幽默的探讨之后，本书的后半部分正式进入脱口秀的入门课程。坦白讲，我不会期待看完这部分课程后，每个人都真的开始说脱口秀，但我还是希望通过一些更接近脱口秀和喜剧底层逻辑的探讨，让大家去用一些新的视角认识脱口秀、喜剧以及人生，也希望这部分课程能让大家更好地思考一个问题：要不要让脱口秀、喜剧成为你人生的一部分。

在脱口秀的爱好者和教学者之间，存在一个有趣的悖论：很多爱好者想先确定自己有没有说脱口秀的天赋，才愿意开始尝试，而教学者会告诉初学者，你需要先尝试（甚至需要尝试一段时间），才能判断出自己有没有天赋。

为了不卡在这个小问题上，我可以告诉大家一些事实。首先，对初学者和爱好者，天赋没有那么重要。不是每个足球爱好者都需要拥有梅西、C罗或者李毅一样的天赋，事实上，我认识的很多朋友没什么天赋，但这不妨碍他们享受足球的乐趣。其次，对脱口秀而言，最重要的天赋可能是每个人都拥有，或者至少曾经拥有的，那就是"不理解"和"不满足"。

　　"不理解"对喜剧而言很重要，对这个世界熟视无睹的理解越多，你能挖掘的荒谬就越少，能写出来的喜剧素材就越少。我们在孩提时代是不理解这个世界的，没有什么理所当然，没有什么从来如此。对小孩子来说，海尔兄弟在《雷欧之歌》里问到的"为什么会打雷下雨""为什么有冬天夏天"可能真的是难以理解，也值得思考的问题。随着年龄增长，我们越来越对周遭的一切丧失了"不理解"的能力，"入鲍鱼之肆，久而不闻其臭"，现在我们需要做的就是恢复"不理解"的能力和欲望，这是一个喜剧演员的基本功之一。

　　除了"不理解"，还需要"不满足"。如果说"不理解"出自逻辑，那"不满足"则关乎情绪。对这个世界的不满足感，是驱使我们表达的重要因素。当你还是个孩子时，不能出去玩，吃不到糖果，买不到喜欢的玩具，你会哭——这就是最原始的表达。脱口秀和其他形式喜剧中的很多表达相比，虽然更复杂多元，但背后的起因或许并无二致——我们对人生、对这个世界有不满的地方。喜剧存在于你的渴望和你的局限之间。当你对生活有不满足、有渴望，但又无力改变（对生活而言很痛苦，但对喜剧来说简直太棒了）时，喜剧就诞生了，如何在台上表现出来是技术层面的问题，但你所拥有的这些"不满足"，是烹饪的原材料，是生活的馈赠。

所以没有什么特别的，逻辑上的"不理解"和情绪上的"不满足"，便是一个喜剧演员的基本天赋点。有些人可能会继续追问，为了开始创作脱口秀，我需要做什么准备？坦白讲，除了自己的生活，你不需要也无法做任何其他的准备，你的人生就是最好的准备。我在成为一个脱口秀演员之前，做过新东方的老师，自己创过业；之前在做脱口秀训练营时，我的学员中有程序员，有电台主播，有北大状元，有海归硕士……每个人都有不同的背景，但他们的生活经历都给他们成为脱口秀演员提供了养分，更不用说几乎所有演员在入行之初都会或多或少从自己的儿时经历中获取素材。事实上，从你记事甚至出生开始，你就已经开始在为成为一个脱口秀演员做准备了，我们的课程只是让你意识到了这一点，让你开始尝试在记忆的沉船里寻找取之不尽的宝藏。

所以，当有人问我"如何才能成为一个脱口秀演员"时，我的答案是：你天生就是，或者至少已经做好了准备，并且天赋满满。米开朗琪罗说，大卫本来就在石头中，他只负责把多余的部分敲掉。这本小书能做的事情也类似，脱口秀演员已经在你身体里了，课程里的技巧和工具，只是尝试帮你敲掉多余的部分——不必要的羞耻心，想当然的态度，对笑声的执念，等等。

这段发现之旅可能比想象的要漫长，甚至第一次上台表演都看上去遥不可及，在这个过程中，我希望你和我都不要有压力。如果你能坚持到写出一份自己的稿子上台表演，那是我们双方的幸运；但如果你看完这本书依然迟迟无法动笔，甚至光是在前面的热身部分就已经耗尽了全部力气，那也完全没有问题，你可以随时停下来，等合适时再继续。怕什么真理无穷，放弃一次也有放弃一次的欢喜。

史炎

人生是终极笑话

女士们，先生们，男孩们，女孩们，所有会笑的活物，请系好安全带，准备搭乘这趟扭曲而荒谬、深刻又解压的心灵过山车。您的老司机，就是资深的 stand-up（单口喜剧）演员兼新晋的 sit down（坐下）"坐家"，不，是作家，史炎老师。

如果你在纳闷儿是什么让一个笑话逗翻全场，或者如何将你的喜剧灵感具象化呈现，那么你上这趟车就对了。

幽默，是一个虚无缥缈的存在，它无声地潜入我们生命中最黑暗的角落，照亮了一切荒谬。它是宇宙的黏合剂，将我们脆弱的理智维系在一起，为这个让人无法理解的世界带来些许意义；犹如"大道"一般，无形无色，又无处不在。所谓"道在屎溺"，最原始的幽默也在屎尿屁。

至于喜剧，它是一种表达幽默的艺术。它能将原始的、不加修饰的幽默塑造成一种武器，一把能刺穿我们日常的麻木、压抑的迷雾、虚伪的遮羞布的利刃。它不仅能观察生活的微妙，更能把无聊人生一块一块拆开，再重组成爆笑的段子，让人们笑到忘记自己的名字，忘记生活的烦恼。

那么人生呢？人生就是终极的玩笑，是宇宙中最宏大的段子，充满了讽刺和挖苦，还有那些仿佛由缺觉的编剧在咖啡因刺激下写出来的离谱人物。在这无边无际的喜剧宇宙中，老司机史炎作为笑声的灯塔，在混乱中闪耀着光芒。

说到史炎，这位喜剧大师不仅掌握了能让人笑掉大牙的艺术，还对谐音哏有着根深蒂固的热爱。啊！谐音哏，令人愉悦的语言杂耍，给你的脸上带来了微笑，给你的心里带来了呻吟。

老司机史炎的谐音之旅，可谓幽默风趣、令人莞尔、翻云覆雨、风景旖旎，江湖人称"幽尔翻旎"（You are funny）。

那么请放心地钻进本书，让史炎的智慧和经验引导你穿过笑声的迷宫，教你如何创造喜剧并在舞台上表演。因为，在这个疯狂混乱的世界里，笑声不仅是最好的良药，也是我们与望不到底的深渊之间的唯一障碍。

喜剧，不仅能帮他人疗伤，更能治愈自我。请记住：人生是终极笑话。

你也是。

谷大白话

目录 ————

第二章 "好笑"是怎样炼成的 _042

第三章 聊聊喜剧 _136

不开玩笑

关于幽默、喜剧和脱口秀的严肃讨论

第一部分

幽默一点总是好的

第一章 幽默是个宇宙 ————

我喜欢把幽默和喜剧比作一个宇宙，在幽默的宇宙中，每个人都是独一无二的星球。

幽默是幽默的方式不止一种

在我从事脱口秀培训的几年里，经常会有新人朋友问这样的问题："我怎么才能像××一样幽默？""怎么才能写出××那样的段子？"还有一些朋友更直接，会直接在台上模仿一些演员的表演风格、标志性动作，甚至口头禅。虽然稍显幼稚，但在我看来这些已经是尊重艺术和原创精神了，至少从他们的表演中，你只能看到其他演员的影子，没有听到其他演员的段子。

我喜欢把幽默和喜剧比作一个宇宙，在幽默的宇宙中，每个人都是独一无二的星球——从天文学的角度来说，这个表述是不严谨的，但足够传达我想表达的意思。天文学和娱乐业虽然相去甚远，但冥冥之中似乎总有一些连接，比如都有很多"星"。如果你是个"星"，一定会有人围着你转，一颗恒星会一步一步成长为一颗"红巨星"，而红巨星的下一步，就是过气了。

抛开比方，我们回到幽默的正题。齐白石先生对学生许麟庐说："学我者生，似我者死。"脱口秀的舞台上有一个史炎（或者任何一个其他演员）就够了，不可能也不需要有第二个，如果真的有第二个，那么他们应该去说漫才①。

如果说其他一些艺术创作还可以先继承再创新，先模仿再超越，在幽默这方面，这条路则几乎行不通。因为幽默最本质的元素，就是原创，甚至是独创。林夕在给张国荣的《我》里写道："快乐是，快乐的方式不止一种。"幽默也是一样。就像每个人有独一无二的指纹、声纹，每个人也应该有属于自己的"幽默纹"，你独有的观察世界的视角、解读人生的方法，就构筑了你独一无二的幽默感。

如果我们还拿恒星来打比方，每个人的故乡、家庭、阅读偏好、旅行经历、学习经历、工作经历、朋友和亲密关系，甚至饮食习惯等，所有这些都是你这颗恒星的组成元素，因为有不同的元素组成比例，所以会散发出不同的幽默光芒。

拿大家可能熟悉的国内外单口喜剧演员做例子，每个人都有鲜明的幽默风格。喜剧大师宋飞的幽默最深入人心的特质，是以抽离的方式对生活进行细致入微的观察；路易·C.K.的幽默则更偏爱从"我"出发——世界以痛吻我，我就把世界打倒在地；乔治·卡林的幽默则是另一个方向——别说"我"不重要，甚至对地球来说，人类都不重要，文明、宗教、环保……都不重要。如果大家有兴趣，可以去看一下他关于环保的经典段子，在段子里他带领大家好好地回顾了人类在环保方面的傲慢和自以为是，其

---

① 漫才：日本曲艺的一种，形式类似中国的对口相声。旧作"万才"，起源于日本古代传统表演形式"万岁"。后经演变，内容、形式更加丰富，吉本兴业文艺部长桥本铁彦将"万才"改作"漫才"。

中最大的傲慢就是"拯救地球"。最终他在雄辩的贯口之后，祭出了振聋发聩的警句："地球好得很，人类烂透了。"

佛教有大乘小乘之分，我之前在微博上开玩笑说，喜剧也有大乘小乘之分。在我看来，路易·C.K. 的表演就是小乘喜剧，而乔治·卡林的则是大乘喜剧。前者用幽默度己，后者用幽默度人。

我之前经常听到一个说法——"拓宽了喜剧的边界"。但其实在我看来，幽默是个宇宙，宇宙本就没有边界，有的只是规律。当你尝试去看更多段子时，你就会领略安东尼·杰塞尔尼克的暗黑、黄阿丽的劲爆、琼·里弗斯的辛辣、瑞奇·热维斯的毒舌……每一个喜剧演员都有自己独有的幽默方式，当然，用一个形容词来诠释风格只是最迫不得已的近似，如果大家真的想（非常值得）了解喜剧大师们幽默方式的不同，还是去看一下他们的专场，你会理解我说的，每个人的幽默方式都符合幽默宇宙的规律，又都是独一无二的存在。

从大家可能更熟悉的国内演员身上，我们也能看出幽默的无限可能。有人全程高能，有人冷静深刻，有人喜欢长篇叙事，有人追求短小精悍，有人专注谐音哏 30 年……更不用说漫才、音乐喜剧和其他新喜剧的形式。

很多朋友觉得自己不幽默，是觉得自己不能用"喜剧演员"的方式幽默，或者说得再直接一点，是不能"像某些线上知名喜剧演员一样"幽默，很多人是用很小的样本总结出了局限的幽默范式，觉得幽默一定得侃侃而谈、口吐莲花、张扬外放，但其实，大家在线上节目里能看到的只是所有风格的冰山一角，如果大家有时间，真的可以多去看看线下的脱口秀演出，它们会呈几何级数地拓展你对幽默的想象空间。

甚至所有这些，也都是幽默更外化的部分，而最核心的部分，还是自己对生活独特的洞察和思考。我辅导过很多非专业脱口秀表演者，他们几乎没有表演技巧，仅凭自己对生活的洞察，就征服了观众，表演技巧的欠缺此时反而成了一个优势。显露真诚，甚至包含一点点脆弱，就如同日料里的"刺身"，吸引人的不是加工的技巧，而是食材的本味。在我作为内容策划的节目《开麦总冠军》里，我们请过一位乳腺外科的杨医生，他关于保乳手术的段子真实、真诚，里面有一句话令我印象深刻：

老公今天是你的，明天可能就是别人的了，但乳房，永远是你自己的。

所以，幽默可以是热烈的，也可以是冷峻的；可以口若悬河，也可以一针见血；可以气场全开，也可以——用我们经常形容一些演员的话——"仿佛随时可能死在台上"。只要你愿意用自己的视角去观察生活，用自己的方式来表达，就已经为自己的幽默打下了基础。

甚至，幽默都不一定要说话。2018年英国达人秀的冠军李·雷德利，是一个失语者，他用一个辅助语音交流软件（大家可以脑补标准伦敦音英语导航的声音）和平板电脑开始了自己的脱口秀生涯，在达人秀的舞台上，他的段子充满了智慧和勇于自嘲的自信：

当我知道我不能说话时，我无语了。

我一生都住在纽卡斯尔，但不知道什么原因，我没能学会当地的口音。

我不喜欢现在一些用来形容残障人士的所谓政治正确的说法，大家总是在说"特殊需求""特殊学校""特殊奥运会"……我很纳闷儿我到底"特殊"在哪儿，这也是为什么当我听到"特种部队"要上前线打仗时，我超级紧张！ ①

脱口秀行业内有一个著名的说法，叫作"找到自己的声音"，这听上去不复杂，但做起来不简单。李·雷德利用一种"特别"的方式，让我直观感受到了"找到自己的声音"的过程。虽然绝大多数人能发出声音，但我们其实都是某种意义上的"失语者"，"找到自己的声音"可能是每个人一生的修行。最后，我想用一位我很喜欢的作家，也是一位幽默大师王尔德的话作为结尾：

Be yourself, everyone else is already taken.

做你自己，其他人已经有人做了。

_____

① 此处是用特殊（special）和特种部队（special forces）中的 special 做了一个双关哏。

用幽默建立连接

比尔·盖茨做过一次 TED[①] 演讲，主题是关于教师的培训。TED 演讲有很严格的时长限制——18 分钟，甚至更短。比尔·盖茨这段演讲的时长是 10 分钟，在 10 分钟之内想要讲清楚一个问题是非常不容易的，所以每一秒钟都很宝贵。而在这次演讲的开场，比尔·盖茨用 40 秒讲了一个段子：

每个人都需要一个教练，无论你是篮球运动员、网球运动员、体操运动员，还是桥牌运动员……

此时屏幕上出现了他打桥牌时的照片，照片中他对面有一个巨大的后脑勺，上面标着莎朗·奥斯伯格的名字，观众爆发出第一次会心的笑声。比尔·盖茨接着说：

---

① TED：由 technology（技术）、entertainment（娱乐）、design（设计）三个单词的首字母缩写构成，致力于分享各领域杰出人物的探索、思考和思想。

我的桥牌教练莎朗·奥斯伯格说，包含她后脑勺的照片可能比世界上其他任何人的都多……

这时观众爆发出第二次笑声，而屏幕上出现了一张莎朗·奥斯伯格拿着牌的正面照，比尔·盖茨接着说：

真对不住你，莎朗，这张应该能让你满意了。

在观众第三次会心的笑声中，比尔·盖茨开始了他正式的演讲内容。

在一次 10 分钟的演讲里，用超过 5% 的时间讲了一个和主题只是略微有些关联的段子，很多人会觉得这是在浪费时间。我参与过很多国内的论坛和分享活动，很多人的演讲内容做得很满，PPT（演示文稿）页数很多，字数更多，从第一分钟就开始进干货，语速非常快，最后往往还超时。这样的结果就是观众注意力非常集中——在自己的手机上。有时作为下一名演讲者，我也会在"阅读空间"之后，在自己开场时调侃一下：

感谢上一位演讲者，讲得非常好，大家的手机应该都快玩没电了，可以认真听我讲了。

当我们仔细去理解"表达"这个概念时，你会发现"表"和"达"其实是两个词，"表"是你的阐述，而"达"是对方的吸收、理解。纪伯伦说："真理需要两个人发现：一个讲述，一个领悟。"其实说的就是"表"和"达"的关系。

我了解过很多表达（甚至包括一些成功学的）培训，绝大多数的表达培训是以"表"为主。很多培训机构会邀请播音专业的老师，从发声练起，把逐字稿背得滚瓜烂熟，上场走几步，说到哪个字时需要做什么动作都设计得毫无瑕疵，一切都很完美，唯独缺少了一个因素——观众。完全不考虑观众这个因素去练习、彩排，那你"表"的东西最终能不能触动你的观众，要打一个大大的问号。

要想实现"达"，首先得和观众建立连接，就像上网一样，首先得连上 Wi-Fi（无线局域网），才能传输数据。而在建立连接方面，幽默是一项非常重要的手段——"当你把人逗笑时，对方把他的心智短暂地交给了你"。

所以比尔·盖茨在开场时花时间讲一个段子，外行看上去可能是在浪费时间，但其实是磨刀不误砍柴工，用 40 秒建立连接，收获的是后面 9 分多钟的稳定信息传输。连比尔·盖茨这样咖位的人物，都会主动去和观众建立连接，那我觉得我们更没有理由不去考虑和努力实现这件事情。

用幽默建立连接的方式很多，讲一个"笑话""段子"把大家逗乐固然是一种，但其实我们也有更多的选择。我们还是回到比尔·盖茨的例子，他能够讲好一个段子来开场，相当一部分原因来自他的公众知名度，这个段子看似简单，但其实隐含了很多铺垫：（1）他是一个知名度极高的公众人物；（2）他是一个桥牌爱好者；（3）他的活动行程会被相机记录。观众心里多少是有认知的，所以他可以省去这些铺垫直接进入主题，效率会高很多。

在更多情况下，我们没有这样的公众认知，当你走进一个公众表达的现场时，很多时候台下的人的反应是：你是谁啊？面对一群陌生的，甚至还有些防御心理的观众，我们需要做一些事情来建立连接。幽默是一种洞察力的表现，幽默关乎真相，这时候幽默的体现形式不再是讲段子，而是敏锐地发现这个现场中存在的一些事实、真相、信息点。哪怕你和观众今天是第一次见面，这些信息也是你和观众之间的"共同文本"，认知的最大公约数。这个最大公约数可以是大家所在的同一个时空里的任何东西——今天的天气和交通，现场空调开得太冷了，上一名演讲者说了什么，现场有什么突发事件，等等。我会在其他章节中给大家讲更多的开场技巧，在这里，我先用一个简单的例子给大家展示一下现场信息的重要性。

国内公众表达"天花板"级别的人物罗永浩老师，在锤子手机 Smartisan T1 的发布会的开场，说了这么一段（略有改动）：

谢谢大家，请坐，实际上我很早就到了，然后在后台都已经准备好了，但是工作人员说里面还有很多人没有就座，并且比较乱，让我等一会儿再出来，这也导致我们额外地产生了一些经济费用。（观众笑）就是……你知道，开场前的 15 首歌是我们精心挑选并且在网上征求大家意见然后买的，结果因为播完了以后你们没有及时就座，我们被迫又播了两首歌。（观众笑）这两首歌也是要付钱的。刚才工作人员甚至没有掌握好，我们买的授权只能播一次，所以我们开场前已经出现了两起恶性的侵犯著作权的事件，我已经安排工作人员马上去跟中国音著协联系，赶紧补交那两首歌的授权费去了。（观众掌声、欢呼声）

罗老师将开场的一个小型突发事件作为"共同文本"构建了和观众的连接，当然，还顺便表达了一下对著作权的保护和尊重，效果是非常好的。对很多人而言，活动晚开始10分钟（两首歌的时间）再正常不过，但罗老师可以很敏锐地捕捉到这个细节事件，而幽默需要的，就是对哪怕很微小的事件给出自己的洞察结果。

如果讲段子和抓细节都没做到，还有一个更直接地和观众建立连接的方法，那就是直接和观众互动，把"台上讲—台下听"这种机械的观看模式，变成"游戏感"更强的互动参与模式。当观众意识到他们可以积极主动地参与你的表达，甚至可以影响你的表达时，他们会更专注在你的表达内容上。

2015年，脱口秀还没有现在这么火爆，当时噗哧脱口秀俱乐部每周都在做开放麦。2016年，我们到了上海交通大学徐汇校区旁边的源咖啡，演员奇缺，主持这种脏活累活更没人愿意做，我记得当时连续几个月都是我在主持，新人的水平参差不齐，冷场是家常便饭。为了调动气氛，我设计了一个能让现场的游戏感更强的互动环节（这个环节后来被很多脱口秀的主持人借鉴了）。我在开场时对观众说：

一会儿会有一些演员上台讲段子，可能好笑，可能不好笑。如果他们讲得好笑，你们就笑，万一讲得不好笑，我教给大家一个非常好的破解尴尬的方法——请大家一边鼓掌，一边大声地喊"好笑"来"羞辱"一下他们！我们来练习一下——3，2，1，好笑！

这个游戏感极强的互动环节，让整场演出没有了冷场。因为在演员遭遇尴尬困境时，观众会用鼓掌和"好笑"让现场维持住比较活跃的气氛。演员的不好笑的段子，此时变成了幽默的最好燃料，我通过设计这样的游戏规则，引导观众完成了脱口秀现场的"废物利用"。当时我天真地以为这只是一个阶段性的权宜之计，随着行业水平的整体提升，这个互动会成为历史，但没想到它被经久不衰地沿用到了今天。

和观众建立连接，让观众参与进来，这是幽默的一种表现形式，也让表达真正成为"表""达"。

幽默：赶走房间里的大象

在 2018 年之前，我参与了《今晚 80 后脱口秀》《吐槽大会》《脱口秀大会》几档线上的综艺节目，2018 年之后，我把自己的主要精力放在了新人培养和线下脱口秀表演上，2020 年又开始创业，忙着做各种工作，演出也少了。几年间不管是心态还是体形，我的变化都很大，当然尤其是体形——从 2017 年的 65 千克稳步增长到了现在的 75 千克。2021 年底开始专场的全国巡演，这时候我遇到了一个很有趣的状况，很多现场的朋友是老粉丝，他们已经很久没有在视频里见到我了，所以在他们心目中我的形象还是 4 年前 65 千克的样子。于是在主持人说完"让我们掌声有请今天的主咖——史炎"后，我从后台一路小跑上台，说的第一句话基本上都是：

嘿，嘿，大家好，在你们说出伤害我的话之前，我先承认一下——我胖了。

然后基本就是全场第一次笑声和掌声了。

"喜剧是关于生而为人的真相的艺术",从幽默的角度来解释,这句话显然做到了对真相最简单直接的阐述,但不是所有的"简单真相"都能指向幽默的结果,"我胖了"这句话显然做到了一些其他的事情——指出了"房间里的大象"。

"房间里的大象"是指那些非常明显、无法忽视,但出于某些原因,所有人都选择避而不谈的事情。这头"大象"可以很具体,也可以很抽象。具体的"大象",比如我胖了、房间里的温度很低、电梯里有人放屁等;抽象的"大象",可以是一种集体情绪、一种不确定感、一种敌意、一种紧张感等。

美剧《摩登家庭》第 1 季中有这么一个片段,卢克和曼尼在学校打架,在一次聚会时菲尔把他们两个叫到一起,说了这么一句话:

我觉得我们该解决一下房间里的大象了。

这里说的是卢克和曼尼有矛盾,大家都知道,但都避而不谈,都在那儿憋着,就会产生一种压抑感,所以要解决一下。房间里的大象并不是实体的大象,它更像是一个大象形状的巨型充气玩偶,就像我们会在某些当代艺术展或者商场的开业活动上看到的那样,体积很大且绝大多数情况下很丑陋,并会随着紧张感的积累,越充越大,但相应的解决方案也很简单,只要有人一戳,它马上就破了,可能在戳破那一刹那会有人被吓到,但那是另外的事情，至少大象本身不存在了。

我们在平时的脱口秀演出过程中，有时会出现一头房间里的大象，就是突然响起的手机铃声。虽然我们大多数情况下会跟观众提前说明把手机调至静音或振动状态，但还是难免出现一些突发状况。当手机铃声响起，并且已经大到足够吸引观众的注意力时，它就成了房间里的大象。因为在台上站着的你是一个真人，而不是一个角色，所以，你如果装作没听见，那会让你整个人的状态显得不真诚。因此，我们演员会用各种方式点出这头大象。

有时前面的段子里刚好有手机相关的段子，那就可以现场抓个哏，一般效果会很好，或者先调侃，再接一个自己关于手机的段子，也不错。如果自己没有段子，那就根据现场的气氛调侃一句"哇哦，这年头竟然还有工作，不容易啊""老板让你回去加班吗""要不我等你打完再继续"之类的话，然后再随机应变。就算不好笑也没关系，只要把大象点破，我们就已经达到了目的。

2021年底，我们"猫头鹰喜剧"参与策划了一档新的线上脱口秀节目《开麦总冠军》，第一场的录制现场就在我们自己位于上海市中心淮海路的剧场——喜剧集市，来的观众很多是脱口秀深度爱好者，有一些参与过《脱口秀大会》和其他线上综艺的录制，很多人对脱口秀和线上节目的了解也主要来自《脱口秀大会》，所以《脱口秀大会》就成了房间里的大象。第一场节目录制时，我觉得我作为主持人，必须点破这头大象，所以暖场时我说了这么一个段子：

大家了解脱口秀可能都是通过《脱口秀大会》和其他一些节目，我们是一个新节目，还是很不一样的，人家录制节目都是在很专业的棚里面，我们就不一样了，我们在市中心。

有时候我们给一些演出做主持人，可能压轴的是一位咖位比较大的演员，或者这场演出就是某位演员的专场，现场大多数的观众是冲这位演员来的，这时候作为主持人，可能就先要把这头房间里的大象点出来——"我知道你们今天都是来看谁的"，然后再调侃一下开场的演员，这样整场演出的氛围就会比较好。

这个小技巧在一些公司年会的场景中也用得上。大家可能都在一些年会或者其他晚宴上忍受过嘉宾漫长的讲话，很多时候因为饿着肚子，所以等待的时间显得更加漫长，如果这时候你要上台讲话，那我觉得可以把这头房间里的大象点出来。比如，你可以说"我知道你们今天都是来吃饭的，所以我尽量简短一点"，或者"我知道大家都想抽奖，所以我快点讲完下去，否则你们就想抽我了"之类的调侃。这样就点破了房间里的大象，也会在你和听众之间建立一个更好的情绪连接。当然，最好的处理方式是不仅嘴上这么说，而且要付诸行动，真的把讲话缩短一点，在别人都饿着肚子时，简短是一种美德。

当然，上面说的例子里，点破房间里的大象的主动权，基本上都在有话语权的人手中，所以，你如果有话语权，需要承担好这个责任；你如果不是那个有话语权的人，也可以等待机会。比如，领导在周一早上例会的冗长讲话之后，问大家有没有问题，你可以抓住时机点破房间里的大象，问一下领导，什么时候可以去吃午饭。

如果不点破房间里的大象，那这头大象会变得越来越大，越来越扭曲。关于这种大象，我可以给大家举一个例子，是关于知名联合办公企业 WeWork 备受争议的创始人，后来被孙正义扫地出门的亚当·诺伊曼的。亚当是一个会在公司制造宗教式崇拜的人，关于他的故事，大家可以去看一部纪录片《WeWork：470 亿美元独角兽的崛起与破裂》。

在纪录片里，《福布斯》的资深编辑亚历克斯·康拉德讲述了自己和亚当的一段非常神奇的交往经历。在亚当带领他参观新装修的总部时，亚当说他们有自己的咖啡师了，于是亚历克斯点了一杯卡布奇诺，而亚当点了一杯拿铁，但当亚历克斯伸手去拿他的卡布奇诺时，亚当说："不，不，这是我的。"亚历克斯很诧异，说："等一下，等一下，我点了卡布奇诺，而这杯就是卡布奇诺。"亚当这时候看上去非常困惑，其中一个员工赶紧过来说："哎呀，真对不起，在我们这儿，我们把这个（指着卡布奇诺）叫作拿铁，这个（指着拿铁）叫作卡布奇诺。"

亚历克斯继续说，在他看来，有一个奇怪的、毫无理由的现实扭曲时刻，就是在亚当点了拿铁，但实际上想要卡布奇诺时，员工与其向老板解释他说错了，不如直接把词的意思改了。

我第一次看到这个故事时，大受震撼，同时觉得引人深思，这是一个当代版的指鹿为马——指"卡"为"拿"。因为没有人在第一时间戳破房间里的大象，大象就会越长越大，直到让房间里的一切都变得扭曲，让这个世界变得扭曲。

　　说得深一点，戳破房间里的大象不只是为了幽默，更是在捍卫我们的生活。把大象赶出房间，才有更多的空间留给理性，留给真诚，从而最终留给幽默。

幽默存在于"是"和"非"之间

在 1996 年温布尔登网球锦标赛（简称"温网"）的一场比赛中，网坛名将格拉芙遭遇了看台上球迷的当众求婚。球迷大喊："格拉芙，你愿意嫁给我吗？"在全场观众的笑声中，格拉芙战术性地整理了一下衣服，拍了几下球，等到观众笑得差不多了之后，她抬头给出了自己的回应："你有多少钱？"全场响起热烈的掌声和笑声。

从幽默的视角来看，格拉芙的即时反应非常出色。抛开回答本身不谈，单就"等观众笑完"这件事上的节奏拿捏，就非常巧妙，她没有打断观众的情绪输出，积累了观众对她回答的期待势能，也给自己做出反应争取到了时间。而她所处的时刻，也是一个很好的幽默契机：当你不能说"可以"，但又不太想冷漠地说"不可以"时，就该幽默登场了。

一个只有"可以"和"不可以"的世界是无趣的，幽默是介于"甜蜜谎言"和"残酷现实"之间、"可以"和"不可以"之间、肯定和否定之间、褒和贬之间、爱和恨之间的东西。很多情况下，

"有意思"用来表达肯定和否定之间的态度。比如，你在一个艺术展上看到一个不知所云的作品，或者在一次聚会中听到一个一言难尽的段子，从审美的角度不能欣赏，但从理智出发不能批评，这时候你可能就得一边点头一边说一句："有意思。"

一个可能的幽默感练习，就是在遇到一道是非题时，不轻易说"可以"或"不可以"，而是尝试用一些其他的回答、反问或者其他反应来代替。如果大家找不到合适的问题来做练习，我推荐《冰雪奇缘》最著名的插曲中安娜问艾莎的洗脑问题：

问题：你想不想堆个雪人？

回答1：你看我像不像个雪人？

回答2：天气太冷了，等暖和点再去吧。

大家也可以尝试给出一些自己的回应，不用刻意想着好笑，只要在合理的范围内，避开直接的回答，就是一个有价值的练习。不轻易给出绝对的判断，拥抱一切可能，是幽默大厦的基石之一。

有条件的肯定，有时比直接否定更能制造语言的张力。同样是表达感情，"不会离开你"就不如"山无陵……天地合，乃敢与君绝"听上去更有张力。事实上，这句话的出处——《上邪①》的完整版更具张力。

---

① 用现代汉语来说就是"苍天哪"。

上邪！

我欲与君相知，

长命无绝衰。

山无陵，

江水为竭，

冬雷震震，

夏雨雪，

天地合，

乃敢与君绝！

以"乃敢与君绝"为结尾，我们也可以做创造力的练习：

"世界杯，国足出线，乃敢与君绝！"

"北上广，房价腰斩，乃敢与君绝！"

…………

问题不一定要用答案来回答，也可以用问题来回答；否定不一定要用否定来表达，也可以用有条件的肯定来表达。当然，任何技巧都有它适用的情景，幽默也不例外，判断要不要幽默本身也是幽默感的一部分。面对"你愿意嫁给我吗"这种问题，可能不是展示幽默的最佳时机。当然，要展示也不是不可以，你也可以把钻戒接过来说："那得看看这颗钻石有多大了。"

幽默：想象力的游戏

Paradoxically, the less one gives the imagination, the happier it is, because it is a muscle that enjoys playing games.

——*The Open Door: Thoughts on Acting and Theatre* Peter Brook

看上去很矛盾的是，你给的东西越少，想象力玩得越高兴，因为它是一块喜欢做游戏的肌肉。

——《敞开的门：彼得·布鲁克谈表演和戏剧》 彼得·布鲁克

　　我和一些朋友探讨过一个问题：同样都可以让人笑，脱口秀和无厘头短视频有什么区别？看完史炎的脱口秀笑出来，与看完王七叶的"躲闪摇"笑出来，我们大脑内部经历的化学反应有什么不同？

　　可以解释的角度有很多个，我个人比较喜欢的一种说法是，如果把我们的思维比作身体，那么脱口秀带给我们的愉悦感更像是健身，而短视频给我们的更像是按摩。脱口秀制造愉悦感的机制是通过思维肌肉的运动产生多巴胺，需要我们的思维动起来；

而短视频制造愉悦感的机制更简单，我们的思维只需要躺平，享受专业"技师"的专业服务就可以了。

这个区别造成脱口秀和短视频的受众群体和消费方式不同，越是平时有思维运动习惯的人，越容易从脱口秀中获得快感，而短视频更老少咸宜，毕竟在忙了一天之后，谁不想被按摩一下呢？脱口秀行业的很多从业者也可以从短视频中获得海量的快乐，至少能短暂地从观看其他优秀脱口秀作品所产生的焦虑、胜负欲和创作冲动中摆脱出来。另外，脱口秀需要你有一个比较完整的思维过程——用健身打比方就是至少练完一组动作——才能获得快感，所以需要更长的时间；短视频则更碎片化——怕什么算法无穷，刷一条有一条的欢喜。

想象力的游戏能带给我们的愉悦远远超出我们的想象。当我们阅读金庸先生的作品时，一半的愉悦来自精妙的文字和扣人心弦的情节，另一半则来自我们对打斗场面、武功招式以及角色容貌的想象，用另一个词来表达，就是脑补。每个人心中的小龙女、杨过、黄蓉、郭靖，应该都有一张有原型，同时杂糅了自己生命中遇到过的最美好的容貌的特征的脸。很多人看到后来某些版本的电视剧会幻灭，除了有古天乐、李若彤等神仙颜值塑造的角色珠玉在前，更主要的是，没有给我们留出脑补的空间。

想象力在幽默领域可以起到重要的作用。有时候我们讲段子没有达到预期的效果，是因为信息太少，但也有相当一部分情况，是因为我们给的信息太多了。就像一道应用题，条件给得不够，解不出题很扫兴，但直接把答案给出来可能同样扫兴。幽默就像写意山水画，需要留白。

有一个流传甚广的神灯的段子是这样说的：

一个男人在海滩散步，看到沙子里有一个神灯，他捡起来擦了擦，一个灯神从里面出来了。灯神答应他，可以满足他一个愿望。

男人说："我希望世界和平。"

灯神有点为难，说："世界和平这个愿望实在太难了，超出我的能力范围了。你还有别的愿望吗？"

男人想了想，说："那这样，你把我变成世界上最帅的男人吧。"

灯神想了想，说："我们还是来聊聊世界和平的事吧。"

这个段子有意思的点在于，没有直接说"你太丑了"，而是给听段子的人留足了想象的空间，让听段子的人自己脑补上最后一块拼图。另一个我喜欢的经典笑话也很典型：

一位剧作家将自己的剧本送到剧院请有关人员审阅。编辑说："对不起，我们是不允许在我们的剧院听到骂娘一类的脏话的。"

"我的剧本里一句脏话都没有呀！"剧作家反驳道。

"剧本里确实没有，可要是把它搬上舞台，剧场里就会听到不少。"

这个笑话成功的点在于，它并没有直接告诉我们这位剧作家的剧本写得怎么样，但通过笑话给出的前提条件和预期结果，我们不难脑补出这位剧作家的创作水平如何，而正是这块拼图补完了这个段子。我们平时在讲段子或者尝试创作段子时，也要注意给听段子的人留足想象空间，留一层窗户纸，让想象力去捅破。

更基础的想象力练习，其实在日常生活中随时可以做。想象力是我们的祖先留给我们的传统艺能。"星座"就是想象力的产物，因此也不乏幽默感。我们的祖先在仰望星空时，需要极大的想象力才能把原本不相干的星星排列组合并且想象成各种各样的事物。星座就是最早的"连连看"，看看能连出点什么东西来。其中的猎户座在我看来就是想象力集大成之作。

接下来，我们利用一个经典的笑话做一个小练习（选出你认为填在横线上最有幽默效果的一句话）：

一个男人来看心理医生，说："医生，我弟弟疯了，他觉得自己是一只鸡！"

医生说："那你怎么没把他带来呢？"

男人说："我本想把他带过来的，但是＿＿＿＿＿＿。"

A. 地铁上不让带动物

B. 我们需要鸡蛋啊

C. 鸡蛋最近涨价涨太多了

D. 我爸说，这种情况得去看兽医

请花一点时间作答，但是不管选择哪个选项，我都要恭喜你，因为幽默与否是一个相对主观的判断，所以无论选择哪个，都是属于你个人的正确答案。但从想象/脑补空间的角度，我还是给出一个我的评判。

首先 A、B、C、D 都给出了一定的脑补空间，"这个家里疯的不仅是弟弟一个人"是不难被脑补出来的一个信息。A 选项给出的脑补空间是最基本的，我认为可以打 70 分；而 B 选项多隔了一层，脑补空间更加充足，但也在合理的范围内，我个人会打 80 分；C 选项隔的层数太多了，需要脑补的东西太多，可能不利于观众一下子反应过来，所以我会给 60 分；D 选项引入了一个新的角色——爸爸，也是多隔了一层，和 B 选项创造的空间感相近，我也会给 80 分。

这项传统艺能不仅在看天时能使用，欣赏名山大川时也能使用——桂林的象鼻山，敦煌的月牙泉，都是最佳例证。当然也有一些看起来不像，但导游硬说像的，这就让你不得不怀疑中国的导游们开创了一个新的艺术流派——"硬像派"。当然，从幽默的角度来看，如果山的形状能够被想象成另一个事物，本身也是一个意外，是有可能产生一些幽默效果的。猫猫头山就是一个不错的例子：

即便没有那么多时间去纵情山水，在城市里也是可以做基础想象力练习的，在城市中有两个非常好的素材，一个是建筑物，另一个是 logo（标志）。看到一个建筑物的形状，想想它像什么，

这个形状还可以是什么。北京有被亲切地称为"大裤衩"的央视大楼，上海陆家嘴有著名的三件套——"打蛋器""注射器""开瓶器"，而位于上海市中心的花园饭店的侧墙，有一排窗户像极了网线插口，我每次跟朋友介绍这家饭店时，都能收获一些额外的快乐。

　　logo 能够成为好的想象力练习素材，是因为它们很多本来就是抽象以后的结果，同样的抽象结果，可能会被倒推为不同的东西。这里我也举一个小小的例子，请大家先看一下下面这张图，想一想在你心中它是什么画面。

　　有相当一部分朋友会看到一个人上半身倒立，透过自己两腿之间的缝隙冲着你笑。自从我第一次看到这个描述，就再也回不去了。但事实上，这是合肥轨道交通的 logo。

　　如果这些也没有，那至少有一样东西应该是不管谁都能用来做想象力练习的，而且是源源不断每天都有新素材的，那就是

云。我们不妨在看云时想象一下它像什么，同时拍一张照片，之后可以一边给朋友们看，一边进行描述，如果拍得不算太差，应该是很有可能制造一些笑点和话题的。

想象力对幽默非常重要，大家可以日常勤加练习。看到一些东西，多想象一下它们长得像什么，它们还可以是什么。从想象力的角度看，东北人更有幽默感，是可以找到一些依据的，因为东北朋友从小就被爸妈带着做了大量的想象力练习，毕竟东北的父母最常挂在嘴边的一句话就是：

你看我长得像不像 ×××?!

好奇少年欢乐多

　　许多动物都喜欢玩耍：狗会互相追逐，或者捡回人扔出去的球；一群海豚会一起顶一只气鼓鼓的河豚玩，像水下魁地奇……从功利主义的角度来看，似乎很难为玩耍找到辩护的理由——浪费时间、精力和珍贵的卡路里，又不像觅食求偶一样有实际产出，更不用说还有可能将自己暴露在大自然的风险之中。

　　但在漫长的进化过程中，爱玩的基因一直被保留到了今天，这说明玩耍是有助于一个生命个体活下去的。玩耍帮动物个体适应环境，锻炼生存必需的技能（如追逐打闹就是在练习狩猎和逃跑），探索未知。如果生命是一场战役，那么玩耍就是演习。生活让我们接受当下，而玩耍帮我们适应未来。

　　喜剧，就是人类心智的玩耍形式，尤其是对成年人而言。朋友之间的相互吐槽，本质上和两只小猫打着玩没有任何区别。玩耍是一种不会产生实质性伤害的战斗，而正如玛丽·赫希所说："幽默是一把橡胶剑：它允许人们表明观点，但不会受伤流血。"

　　当我们从玩耍，以及玩耍能给生命带来的额外收益的角度去尝试理解幽默时，就更能理解为什么在漫长的进化过程中，幽默被保留了下来。打趣、逗乐、讲笑话以及更完整的喜剧表演是一系列玩耍的形式，让我们更好地接触和适应新的事物、新的想法、新的世界观，从而更好地接触和适应世界，帮助我们更好地活下来。幽默就是成年人的嬉戏打闹，能帮我们更好地适应精神世界。

比起其他的剧场演出形式，喜剧也更以游戏性见长。喜剧的演员和观众更像是在一起下象棋的两个好友，你来我往，一起完成一场精彩的棋局；像在聚会上玩"你画我猜"的一对搭档，一个人比画一个人猜，一起探寻最终的答案。在《喜剧的隐藏工具》一书中，也有一段关于游戏性的论述：

段子并不存在于你的对话里，而是存在于你和观众之间。观众必须完成这个段子。如果你给了太多信息，他们会觉得"对""好""有道理"；但如果你没有给到足够的信息，他们会觉得"什么鬼？"。所以你必须给到恰如其分的信息。就像是你创造了小的语言数独游戏，你留下一部分不去完成，而需要观众自己去完成它。

幽默就是探索世界的游戏，我们观察到了一些现象，总会尝试去做出解释，如果相对客观，就有可能被认为是科学的；如果相对主观，就更有可能成为幽默。但以人类文明在宇宙中的地位来看，再客观，又能有多客观呢？所以幽默的一大来源，就是在

好奇心的驱使下，尝试用相对的无知去解释世界，给出一个属于
自己的解释版本。即便是曾经被认为科学或者主流的解释，现在
看来也不乏幽默属性。事实上，古印度的宇宙模型就比许多经典
笑话更具幽默感：

宇宙是一条咬着自己尾巴的大蛇
蛇的身上有一只巨大的乌龟
乌龟背上是四头大象
大象背上是我们的世界

能和这个宇宙模型的幽默程度相媲美的，恐怕只有"飞天面
条神教"了。它宣称宇宙是由一个会飞行的意大利面条怪物在
"一次严重的酗酒后"创造的，而天堂有一座喷啤酒的火山和一
个脱衣舞俱乐部。

撇开"飞天面条神教"的宇宙模型是带有讽刺的故意调侃不
谈，我想强调的是好奇心对幽默的意义。诺兰的电影《信条》里
有一句著名的台词：

Ignorance is our ammunition.
无知是我们的弹药。

在幽默领域中，这句话同样适用，如果补充完整，我觉得应
该是下面这样：

好奇心是我们的武器。

无知是我们的弹药。

幽默属于那些会问"是什么""为什么"，并且愿意尝试找答案的人。当然，如果你能问出"凭什么"，甚至都有可能尝试写那么一两段脱口秀了。我在微博上看到过刘高明导演 2005 年的纪录片作品《排骨》的片段，请允许我引用影片开头的一段文字介绍一下主人公排骨：

排骨，江西人，初中毕业，在深圳和朋友合伙卖盗版 DVD，而且卖的全是艺术片。排骨知道世界上很多电影大师和他们的作品，可是他说他从来没看过，因为看不懂，所以也不想看。他喜欢看马大师和周星驰（的电影），他喜欢听《两只蝴蝶》，他说他还喜欢看漂亮的女孩，同时他也很坚决地告诉我，像他这种层次的人是没有爱情的。

在影片里，排骨的一段话在我看来充满幽默和智慧，在谈到什么是艺术片时，他说：

我们判断艺术……就是说得简单一点，以我卖碟，我自己来讲吧，就是我们看不懂，很闷，看几分钟或者看十来分钟就想睡觉，然后呢，你坚强地看完一部电影，你也很难理解它演的是啥，我就把它……我们就把它归结为艺术片。

这就是排骨怀着好奇心去探索艺术片这个未知领域的结果，虽然缺少必要的知识，但他还是给出了自己的解释版本，可爱又幽默。"看不懂"和"闷"可能是很多人能总结出来的点，但"坚强"二字绝对是神来之笔。在另一段，排骨也有可爱的表达：

对外国的一些什么历史啊，什么都不懂，什么路易十三、路易十四，我估计他们肯定是两兄弟啊什么的，但是我不懂。

幽默需要我们对世界怀抱好奇。如果你对世界充满愤怒，你仅仅是不理解、不接受、不想要，那或许你更应该去尝试摇滚。愤怒多过好奇，人难免刻薄，用好奇来平衡愤怒，就离幽默更近。一件事不想按别人的方式理解，那应该怎么理解？不接受这个说法，那能接受什么？如果现在的东西不想要，那想要的是什么？找到你对世界的盲区——不理解、不接受的部分，去寻求解释和解决方案，这是幽默和喜剧的起点。

有一段出自日本作家坂元裕二的作品《四重奏》的话在互联网上流传很广：

告白是小孩子做的，
成年人请直接用勾引。
勾引的第一步，抛弃人性。
基本来说是三种套路：
变成猫，变成老虎，变成被雨淋湿的狗狗。

保持好奇和追求爱情一样，也要放弃一点什么。保持好奇的第一步，最好是战略性地放弃成年人的身份。很多成年人变得无趣，是因为他们对这个世界停止了好奇。那我们应该变成什么呢？或许我的回答是：

变成孩子，
变成外星人，
变成手持长矛的堂吉诃德。

变成孩子，你可以以一种全新的心态来认知事物，或寻找两个事物之间的联系。有好奇心，就会有想象力。果麦出版的《孩子们的诗》收录了姜二嫚小朋友的一首诗——《光》：

晚上
我打着手电筒散步
累了就拿它当拐杖
我挂着一束光

把光柱想象成实体的柱子，这个想象是诗意的，也可以是喜剧的。熟悉相声的朋友或许可以联想到侯宝林、郭全宝两位老先生在《醉酒》中演绎的两个醉酒人之间的精彩片段：

甲：从兜里头，把手电筒掏出来了。

乙：手电棒儿。

甲：往桌上一搁。

乙：干吗啊？

甲：一按电门，出来一个光柱。

乙：哎，那光出来了。

甲："你看这个，你顺着我这柱子爬上去。"

乙：噢，那是柱子啊？

甲："你……你爬！"

乙：那个怎么样？

甲：那个也不含糊："这算得了什么呀？不就是爬这个柱子吗？你别来这套，我懂。我爬上去？"

乙：啊。

甲："我爬到半道儿，你一关电门，我掉下来了！"

乙：啊？

　　好奇心是一个奇点，它的大爆炸创造的是想象空间，有了想象空间，想象力就可以创造无限可能。光可以有形状吗？光柱可以成为实体柱子吗？光柱子可以做什么用？《星球大战》给出的答案是武器——光剑。我会专门用一小节来讲 "What if①" 作为一个技巧的使用方法，但在这里，不用拘泥于任何预设，先从好奇开始就好。

—————————

① What if：用于疑问句句首，意为 "如果……将会怎样"。

如果说"变成孩子"还是在人类文明的框架内施展好奇，"变成外星人"则是希望我们能跳出人类文明的束缚，以一个外部视角来审视人类的所作所为。想象自己是一个暗中观察地球的外星生物，你会怎么理解什么是工作？什么是恋爱？为什么要给获取卡路里的行为增加这么多仪式感？为什么无数文学作品要歌颂一种激素分泌产生的幻觉？为什么战争只是因为对造物主有不同的理解（可能还都是错的）？如果让我来改造人类，我会创造什么新功能出来？

　　我一直在想，既然当代年轻人如此厌恶脂肪的同时如此喜欢喝酒，我希望外星的先进文明能帮人类设计一个把脂肪代谢成酒精的功能（或许通过几百万年的漫长进化也可以达成），这样就可以一边减肥一边喝酒，多余的酒精要是还能提取出来卖钱就更好了。似乎还可以开发明星同款酒，喝着自家偶像脂肪酿的酒，似乎更容易上头。

　　当然，也不一定非要是外星人，地球上的其他物种也可以，以猫的视角、狗的视角来看人类，都能得出完全不同的结果，也都能通向幽默。猫可能会想，为什么可怜的人类只有一条命？以人类的作死程度，显然有点不够用。而狗可能会质疑为什么人的嗅觉和听力这么差，也可能会质疑为什么人类会在家里大小便，难道这种事情不应该是出门之后再做的吗？至少在地铁口、公交站和常去的酒吧应该做一下标记，所以从酒吧出来在树边小便的男人，可能在狗的眼里更理智。

　　变成堂吉诃德，是希望大家去反思和挑战，去解构一些既有的说法、想法和做法，简单来说，就是鲁迅先生的那句：

从来如此，便对吗？

在日常生活中遇到一些事、听到一些话，不妨多问几个"凭什么"：

女生到了 30 岁不结婚就要被催婚，凭什么？
按时下班就是不努力工作，凭什么？
老话说得好，男大当婚女大当嫁，凭什么？
老话说得好，君子动口不动手，凭什么？
老话说得好，凭什么？凭什么老话说得好？

当然，只问"凭什么"是不够的，我们还需要帮它找到一些解释，哪怕是用歪理来解释。在《脱口秀大会》第 1 季里，有一期的主题是"逃离北上广"，我作为编剧为嘉宾写过一个小段子，核心逻辑大概是这样的：

"北上广深"四个一线城市，"逃离北上广"，听上去是不是像深圳市的人才引进政策？

这个小段子始于对"逃离北上广"这句话的质疑和解构，只要你不想当然，每一句话都可以有一些解构的方向，逃离北上广，那深圳呢？逃离北上广，怎么走呢？逃离北上广，还能去哪儿呢？这些问题都可以成为幽默的起点。

虽然大众在喜剧审美上褒贬不一，但我们上海交通大学（以下简称"交大"）相声协会在喜剧创作方面很有自己的特色。有一个作品中的一个小片段，我印象还算比较深，原话我不记得了，大概是解构了这么一句话：

"一流人才立大志"，一流人，才立大志呢，我是二流人，不用立了。

在做喜剧的这些年里，不知道为什么，我脑子里时常会响起小时候看过的科普动画片《海尔兄弟》的主题曲《雷欧之歌》的旋律，当然也有可能是因为里面的歌词设定非常像相声的捧逗哏。在写这一小节时，我突然有点顿悟，感觉这就是好奇心最好的主题歌：

打雷要下雨，
雷欧（什么），
下雨要打伞，
雷欧（这我也知道）。
天冷穿棉袄，雷欧雷欧，天热扇扇子
智慧就是
（说呀）

这么简单。

为什么会打雷下雨
（为什么），
为什么有冬天夏天
（是个难题），
不知道的奥秘万万千千，
智慧简单又不简单。
不知道的奥秘万万千千，
雷雷雷欧　雷雷雷欧，
智慧简单
（还有什么），
又不简单。

第二章　"好笑"是怎样炼成的 —————

当你能把两个看似不相关的事物联系起来时，你仿佛在两者之间修建了一个传送门（或者虫洞），在这个"瞬间传送"的过程中产生的意外和惊喜，成了幽默的基础。

"我给你们讲个笑话……"

在日常聚会时，经常会有"讲笑话"这个环节，想要将一个笑话讲成功不容易，可能需要节奏、表情、动作等因素的共同作用，但将一个笑话讲失败很容易，只需要做一件事，那就是在开头说：

"我给你们讲个笑话……"

这句话是所有笑话的噩梦，尤其是对非专业人士而言。通常情况下，只要开头说了"我给你们讲个笑话"，那么这个笑话就被判了"死缓"，如果说的是"我给你们讲个笑话，特别好笑"，那基本就是"死刑立即执行"了。

幽默的一个重要来源是意外，当你大张旗鼓地预告了要讲一个笑话时，对方思维中的防御机制就已经开启了。就像给人惊喜时先说"我给你准备了一个惊喜"，这个惊喜的效果就会打折。相比而言，惊喜的结果指向可能比较多，但笑话的指向只有一个，就是"笑点"。

"笑点"用英语来说是"punchline"，"line"是"台词"的意思，"punch"意为"用拳重击"，所以笑点就是给你"来那么一下子"的一句词，是给你的思维一记重拳的一句词。既然是打拳，就不该预告，像《圣斗士星矢》里放绝招之前要大喊一声"天马流星——拳"，这样的事情只会出现在艺术创作中，而现实生活里，应该是抡起拳头直接上的。

如果大家去观察《脱口秀大会》里的表演者，近两年也有这个趋势。那种非常喜剧演员式的、表演技巧性强的，上来就给人感觉"我要讲个段子逗笑你了"的表演者，往往需要更长时间或者更强的技巧，才能征服观众（一旦征服，就是彻彻底底征服）；而那些草根到让人觉得走错片场，可能连说话都有一点不利索，怎么看都不像是能把人逗笑的表演者，反而更容易让观众放下戒备，更容易把观众逗笑。

不管是幽默还是人生，预期管理都非常重要。成长就是不断调整自己预期的过程，在过去的几年间，我见证了身边很多朋友把对人生的预期从"活得好"调整到"活着就好"。幽默也是一样，当你说出"特别好笑"这四个字时，对方（请想象一个坐在沙发上，身体略向后仰，双手抱在胸前，下颌微抬，嘴唇微噘的人物形象）心里的潜台词肯定是"哼，我倒要看看有多好笑！"。想把这样的人逗笑，难度肯定是地狱级的。

那大家可能会问，在聚会时，到底应该怎么讲好一个笑话呢？我的答案也很简单：

不讲。

当然，我说的不讲，仅仅是不讲笑话，而不是不讲有意思的事情。"笑话"有一个特点，就是它往往是第三人称的，谁讲都行，不需要什么代入感。我读过一本叫作《人人都应该知道的笑话》的书，选取两个经典笑话给大家感受一下：

两个猎人走在树林里，突然其中一个晕倒了，看上去没了呼吸，眼神也黯淡了下去。

另一个猎人拿出电话疯狂地拨了救援电话，焦急地说："我朋友死了，我应该怎么办？"

接线员说："冷静，我能帮你，首先确认一下他是真的死了。"

一阵沉默过后，传来了一声枪响，那个人说："好了，然后呢？"

两个人正在一条漆黑的巷子里面走，突然一个抢劫犯冲到他们面前让他们把钱交出来。

他们只能很不情愿地把钱包掏出来开始拿现金。

这时候一个人突然转向另一个人，递给他一张钞票，说："嘿，这是我欠你那二十块钱。"

大家可以看到，笑话都是以第三人称来讲述的，笑话里的角色甚至没有名字，有些笑话看文字版，甚至比听口述版更好笑。

当你看文字版笑话时，可以自行脑补讲笑话的最佳人选、最佳语气，你可以想象是郭德纲、沈腾、伍迪·艾伦，或者其他艾伦在给你讲这个笑话，这个体验感可能远远强过听一个朋友或者饭局上的陌生人给你讲。

所以，如果你真的想分享一个笑话，大可以直接把文字或者视频发到群里，待大家看完之后，再一起讨论。从调动气氛的角度来看，这样可能比你直接讲一个笑话要好得多。而且，就算你真的讲得好，那更多的也是在证明写笑话的人真的幽默。

当众讲笑话，还会给听众造成一些额外的心理压力。在一个传播介质充分发达的时代，很多笑话或者网络段子，在你讲之前，可能很多人就已经看过了。当你开始讲笑话时，没听过这个笑话的，觉得自己有笑的义务；已经听过的，觉得自己有装没听过的责任。

既然不推荐讲笑话，那在聚会时应该讲什么呢？我的建议也很简单：讲自己身上发生的事情、朋友间发生的事情，不管这件事情是不是好笑的，都可以尝试把它讲得好笑，或者至少先尝试把它讲完整。讲自己身上发生的事情，从幽默的角度来看是有优势的，因为所有的细节只有你自己知道，你可以控制细节给出的时机、方式和次序，像一个电影导演一样，把语言叙述当作自己的镜头，通过运镜来制造幽默效果。

而当你讲自己的事情时，你也可以做到最佳的预期管理——你不用说这件事情特别好笑，你完全可以说："这件事情太惨了。""这件事情太奇葩了。""这件事情太可怕了。"不给人好笑的预期，让笑这个动作在其他人听你讲述的过程中自然发生，让笑成为一个大家去争取的结果，而不是一个必然的目标。

所以，把"我给你们讲个笑话，特别好笑"这句话从你的脑子里删掉，换成下面这句：

"我跟你说件事，太惨了／太可怕了／太奇葩了／太诡异了／太扯了！"

幽默从来不是要讲好笑的事情，而是要把事情讲好笑。把好笑的东西讲好笑，其实是更难的，把一件本身不好笑的事情讲好笑，反而有更多可能性。所以，把你身上发生的事，哪怕是不开心的，甚至最好是不开心的，说出来让大家开心开心吧。

如何优雅地听一个笑话

Comedy speaks, humor listens.

—Rajiv Satyal

喜剧讲述，幽默倾听。

——拉吉夫·萨蒂亚尔

　　纪伯伦曾说："真理是需要我们两个人来发现的：一个人来讲说它，一个人来了解它。"幽默也一样，一个笑话、一段脱口秀、一部情景喜剧的成功，不仅需要好的讲述者和表演者，也需要好的倾听者和观众。从概率的角度来说，除了喜剧演员和培训机构的老师，绝大多数人使用"讲述者"身份的概率，应该远低于使用"倾听者"身份的概率。做一个幽默的倾听者，可能比做一个幽默的讲述者更重要。所以我觉得有必要专门和大家聊一聊如何做一个好的倾听者，如何优雅地欣赏喜剧内容。

　　一个幽默的倾听者，其实最基本要做的就是两点：

开放的心态和积极的关注。

开放的心态，就是尽量从纯粹喜剧的视角来看待调侃。无论是喜剧演员还是微博的段子手，创作的出发点都是制造笑点，"观点"即便存在，更多的也是作为手段而不是目的。如果把段子比作一条鱼，那么观点像鱼骨头，笑点像鱼肉。合理的吃法是去欣赏鱼肉的美味，至于骨头，吸一吸吐出来就好。偶尔不小心被扎到，也大概率不是鱼的本意。如果老盯着鱼骨头啃，还抱怨扎心，那就有点自虐了。所以，以开放的心态去欣赏鱼肉而不是啃鱼骨头，会收获更多快乐。

积极的关注，就是不仅认真听，而且让你的思维跟着讲述者的逻辑思考，就像一个在健身房买了课的学员跟着教练认真做动作，而不只是在"划水"，这样才能获得最大的快乐。相反，对一个讲述者（喜剧演员）最大的惩罚并不是破口大骂，甚至愤然离席，而是静静坐在他对面专心地玩手机。

当然，不同的场景下，倾听者所要做的不尽相同。就整体而言，表达者越专业，倾听者所需要注意的就越少。

如果大家买票去看脱口秀，那我觉得就把自己当成一个消费者就好，既然花了钱，就好好享受现场。开放的心态，积极的关注，这样就足够了。在看演出的过程中，非必要不说话——如果演员没有主动跟你互动，那你大可不必多说太多话。没有什么项目是需要你在付钱的同时还需要大量说话的，除了心理咨询。

但有一件事可以放开了做，那就是笑。如果演员说了一句话你想笑了，就可以笑出来，不需要考虑这个地方该不该笑，是不是笑点。比起不敢笑，笑错地方造成的伤害不值一提。甚至如果你在不是预设笑点的地方笑了出来，对演员或许是好事，因为其他观众可能会被你的笑声感染，爆发一轮额外的笑声。我们不必过分担心打乱演员的节奏，一个专业的演员会让自己的节奏不被笑打乱，或者即便被打乱，也能重新找回来。至于笑的原因，也随意就好，演员们段子讲得好，可以笑他们的精妙构思；讲得不好，可以笑他们的拙劣表演。在喜剧现场，笑是天赋人权，笑就对了。

如果演员跟你互动，那么真诚的交流是最重要的，演员问什么你答什么就好，千万不要自己带着哏来，时刻牢记自己是一个消费者。就像你走进一家餐馆，你要相信厨师会为你准备好一切。脱口秀的现场更像是喜剧的 omakase（主厨自定菜单），你需要做的就是把自己接下来的一个半小时交给演员。带着哏去看脱口秀，就像带着自己准备好的鸡、鸭、鱼、肉等食材去omakase，这可能会让演员非常无所适从。

当然，比起去现场看脱口秀，作为一个倾听者，可能更常发生的情景是在一个非正式的场合——朋友聚会、饭局、内部会议等，当一个朋友开始讲一个笑话、段子、哏或者别的什么时，我们应该如何反应呢？

开放的心态和积极的关注依然很重要，当一个朋友已经开始讲笑话时，对他最好的支持就是认真地把这个笑话听完，听完之后笑或者不笑并没有那么重要，但认真听完是很重要的。甚至如果有其他朋友在这个过程中交头接耳开小会，已经影响了讲述者，我们可以帮忙维持一下秩序。这不仅是对讲述者的保护，也是对整个现场气氛的保护。

如果只能给倾听者提一条额外的建议，那我的名额一定留给下面这条：

不要打断！不要打断！不要打断！

首先，讲笑话的人不是专业喜剧演员；其次，即便是专业演员，一个传统中式饭局也可能是他最不想讲笑话的现场。君子不立危墙之下，但如果已经开始讲了，那就更需要倾听者们的呵护。在讲笑话的过程中，其他人一句简简单单的"然后呢？""所以呢？"可能就把节奏彻底打乱了。而另一件千万不要做的事情是，当别人讲到一半时突然说"啊！我听过！""我知道这个段子！"。这就类似在朋友聚会唱歌的时候，不要在别人正唱到一半时随便切歌。

在徐浩峰导演执导的电影《师父》中，廖凡饰演的陈识对小宋佳饰演的赵国卉说过一句话：

有言在先，我在天津做的事，不要问；猜到了，不要说。

我觉得这句话作为给倾听者的建议，恰到好处：

别人讲段子时，不要问；猜到了，不要说。

只有一种情况我们应该积极提问，就是讲述者的段子本身包含一些互动问答，需要倾听者配合，我们在各种脑筋急转弯和谐音哏的笑话中经常可以看到这类互动。我举几个例子：

——你知道为什么点沙拉上得最快吗？

——为什么？

——因为沙拉不来慢（莎拉·布莱曼）。

——你知道为什么大家都不敢和杜甫打官司吗？

——为什么？

——因为他的律师（律诗）天下第一。

——从前有一只猪特别喜欢说没有，你听过这个故事吗？

——没有。

——嘿嘿！

作为倾听者，在听到讲述者的互动问题时，主动配合提问是一种礼貌。就算这个段子听过了，也可以等讲述者讲完之后再评论"哎呀，太烂啦""太破了"。当然，如果在一对一的场景中，自由度会更高一点，假设你对对方实在没有什么好感，也可以直接喊停，不用浪费彼此的时间。

笑话本身固然重要，但倾听者听完笑话之后的反应也同样关键。尤其是在讲述者不是专业选手的情况下，笑话本身往往乏善可陈，这时候更需要倾听者的反应来维系现场的氛围。关于倾听者的反应，我在这里分几种情况给出一些相对应的建议：

（1）如果笑话讲得还不错，那么最好的反应就是笑声，对一个讲述者来说，没有比爽朗的笑声更好的褒奖。很多朋友都会有一个疑问："如果不是真笑，是假笑，那要不要笑？会不会显得不真诚？"作为脱口秀界最负盛名的职业假笑者之一，这个问题我是这么看的：如果你是真诚地想通过笑声来鼓励讲述者，来维护好的氛围，那你的笑，就体现了某种真诚。

从另一个角度来说，在一个讲笑话听笑话的场景中，又有谁的笑是纯粹基于本能，不带任何表演成分的呢？在电影《攻壳机动队》中荒卷课长说过这么一句话："所谓戏剧，观众自己也是演出的一部分。"笑话的倾听者，也是笑的表演者。既然都是演，那就不用五十步笑百步了。

（2）如果笑话讲得确实很尴尬，但笑话本身没有令人不适，只是不好笑，没有任何人愿意给出一点笑声，那么这时冷场就成了所有人的敌人。因为没有什么比纯粹的沉默更可怕了，所以只要能打破沉默，说任何东西都好，哪怕直接说出尴尬，都能在一定程度上破解尴尬。"唉，尴尬了""太破了""太烂了""什么鬼""好好笑哟""喝酒吧喝酒吧"等等，都是不错的选择。

如果要笑，可以选择一种尴尬的笑，就是一定要让人看出来是笑不出来硬笑的那种哈哈哈。这种情况下，笑得越尴尬，效果越好。

（3）如果笑话本身的内容和选题令人不适，我们可以考虑给讲述者一个小小的教训，直接掀桌子的效果往往不一定好，我们可以选择做另一件事——让讲述者解释笑话。没有什么比解释笑话更能摧毁一个笑话。你可以不断追问"好笑在哪儿？""这个又好笑在哪儿？"。在解释的过程中，讲述者收获的挫败感比冷场更强。

除了上述几种可能，还有一个思路的点评，就是给出一些过分夸张的赞美，比如：

你应该去说脱口秀！

你应该报名下一季《脱口秀大会》啊！

你就是下一个×××啊！

一般的人应该能听出来这就是个玩笑，客气一番就过去了。毕竟就算一个笑话讲得好，与真正能去讲脱口秀也还有很大距离。如果有人当真了，真的准备尝试说脱口秀，我觉得也很好，因为在他未来的舞台生涯中，这种近乎盲目的自信是非常必要的。

上次这么好笑还是上次

我们这一代网友有幸见证了废话文学的兴衰。废话文学的幽默来源于意外感，我们默认一句话应该有一定的信息量，就像我们默认一个笑话应该有哏，一个包子应该有馅，一份工作应该有薪水，一个西瓜应该有瓤。但废话文学，通过完全不给任何信息量，制造了极大的意外，让读者一边捶胸顿足"听君一席话，如听一席话"，一边又不得不感叹"上次这么好笑还是上次"。

从幽默的角度来看，我并不排斥为废话文学辩护——语言既然可以用来承载意义，也就可以用来承载"无意义"。而对幽默而言，"无意义"本身就是意义，甚至可以说是最大的意义。喜剧演员宋飞把自己主创的《宋飞正传》形容为"一部啥也不是的剧"①，但正是这个"啥也不是"成就了一部伟大的情景喜剧。在《庆祝无意义》中，米兰·昆德拉更是直接说道：

---

① 英文为"a show about nothing"，这个提法最早出自《宋飞正传》第 4 季第 3 集。

无意义，我的朋友，这是生存的本质。它到处、永远跟我们形影不离，甚至出现在无人可以看见它的地方：在恐怖时，在血腥斗争时，在大苦大难时。这经常需要勇气在惨烈的条件下把它认出来，直呼其名。然而不但要把它认出来，还应该爱它——这个无意义，应该学习去爱它。

无意义值得被爱，值得被庆祝，生命就是在无意义之上创造意义，幽默也不过是生命的浮云开出的一朵小花。

要把如此形而上学的话题拉回到本文非常浅显易懂的正题，往往需要大智慧，显然这是我在写这一小节的当下不具备的。非常幸运的是，我虽然没有大智慧，却有厚脸皮，而人生绝大多数问题只要使用二者之一就可以解决。在这里我决定厚着脸皮，直接进入正题。

"上次这么好笑还是上次"这句话其实是用了"上次……还是……"这样一个句式，在幽默创作领域，这是一个非常好用的范式——当我们在看似不相关的事件之间建立联系时，就建立了一条幽默的通路。更加难能可贵的是它如此简单，像一道填空题，哪怕是对初学者而言，也可以很快上手，哪怕不是为了喜剧创作，对普通人而言，也可以作为一个幽默能力培养的基础练习。

这里先举几个我自己微博上的例子：

上次看到"每个人都能说 5 分钟脱口秀"这个句式的句子，还是在"人人都是产品经理"中。

心疼《创造营 3》的导师们，上次因为要从全国选出 11 个男生而这么纠结的，还是中国男足教练组。

经常上网冲浪的朋友，应该不会对这种类型的段子感到陌生。如果我们去总结这个段子的结构，基本上有 3 个要素，我们可以把它简称为"NBA"结构：

首先，我们需要一个"当下发生的事件"，简称为 N（now，现在）；其次，我们需要一个"之前发生 / 读到 / 看到的事件"，简称为 B（before，之前）；最后，我们需要一个"形容词 / 短语"，简称为 A（adjective，形容词），在前面两个事件之间建立联系。

在实际应用时，不一定那么刻板地要求三要素都齐全，有时会进行一定的省略，有时会进行一定的拆分重组，尤其是"形容词 / 短语"和"当下发生的事件"，但基本上都能找到对应的元素。仍然用之前的几个段子举例，我们尝试做一下"NBA"的标注：

上次看到"每个人都能说 5 分钟脱口秀"（N）这个句式的句子，还是在"人人都是产品经理"中（B）。

心疼《创造营 3》的导师们（N），上次因为要从全国选出 11 个男生（N/B）而这么纠结（A）的，还是中国男足教练组（B）。

在日常生活中，我们的使用场景更多的是聚会、社交软件上的群聊，或者面向特定人群的公众表达，基于我们的内部眼知识，其实这个"当下事件 N"的寻找难度反而会降低，可能就是小圈子内部的一个小新闻，或者当场发生的一个小事件。而至于 B 事件，尽量是一个大家都熟悉的素材，其中保底的方案，是去四大名著、经典影视作品，甚至是游戏世界里面挖掘。我这里先盲猜"当下事件 N"，给出几个可能的方向：

"我们组的人又能吃又不干活，上次见到这么能吃的队友，还是在《西游记》里。"

"我们专业基本没有女生，上次见到这么悬殊的男女比例，还是在《水浒传》里。"

"我们老大昨天在例会上骂市场部的领导，上次看到骂人骂得这么痛快，还是《三国演义》里诸葛亮骂王朗。"

"我们老板最近火气好大，上次见到这么能发火的 boss（老板 / 大反派），还是在《超级玛丽》里。"

说到底，"NBA"只是一个形式，这背后"建立联系"的思想更重要，同样的"NBA"元素，也可以拥有其他的模板。

各大深夜秀节目上，主持人经常通过这样的联系来出眼。奥斯卡金像奖颁奖典礼上，威尔·史密斯掌掴克里斯·洛克可以算是 2022 年年度大事件之一，吉米·坎摩尔在自己的节目上，就把这个大事件和泰森咬霍利菲尔德的耳朵的名场面联系在了一起。在吉米·坎摩尔的演绎中，"N"是通过直接重播打人镜头来实现的，在那之后，他完成了整个"NBA"结构：

【重播片段（N）】……这太令人震惊了（A），我觉得唯一能和这件事相比的，只有**当年泰森咬霍利菲尔德的耳朵（B）**了。

因为元素相同，这个段子也可以被非常容易地修改成"上次……还是……"句式：

【重播片段（N）】……太震惊了，上次看到这么**令人震惊（A）**的场景，还是**泰森咬了霍利菲尔德的耳朵（B）**。

这个段子还有一个比较级的变种，就是：
"能比……更……的，就只有……"

……太震惊了，能比**这件事（N）**更**令人震惊（A）**的，就只有**泰森咬了霍利菲尔德的耳朵（B）**那次了。

虽然花了很大篇幅讲形式，但"得其意而忘其形"才是真的融会贯通。在事件间建立联系——或者从本质上说，更像是发现本就存在的联系——才是根本，至于是不是能套到"上次……还是……"这个句式里，并没有那么重要。就算这次套不到"上次"，也还可以等下次。

难听的话，夸着说

If you want to tell people the truth, you'd better make them laugh or they'll kill you.

—George Bernard Shaw

如果你想要告诉别人真相，最好让他们笑出来，否则他们会弄死你。

——萧伯纳

很多心理学研究都表明，在一条语言信息的传递过程中，文字本身所占的比例可能不到 10%，更多的信息是通过语音语调、面部表情和肢体语言来传递的。所以，纵使人工智能已经拥有了深度学习能力，但人类"说反话"的传统艺能至今未被攻克。语音导航系统可能会跟你说"转弯""直行"，也可能会警告你"减速慢行"，但不会在你违反交通规则后跟你说"你可真行"。

回想我们从小到大听过最狠的一些话，往往是用字面意义上夸赞的文字说出来的。"你可真行"想表达的是"这可真不行"，"你现在出息了"虽然不是说你没出息，但也一定是骂你有出息的地方不对。很多人看到一个段子不开心了，经常会说"一点都不好笑"，但英语里更地道的说法是：

That's very funny.
这可太有趣了。

这样的句子还有很多，上面这些例子除了更加气人，并不能制造幽默效果，但通过这些例子我们能明确的是，一个句子中"文字""句式"的感情色彩和"思想""逻辑"的感情色彩是可以分开的。我们可以用夸人的文字说出骂人的逻辑，也可以用骂人的句式说出夸人的想法，可以鼓励着批评（这个新人的进步空间非常大），可以亲切着疏远（您有事吗？），可以尊重着冒犯（我谢谢你全家），可以优雅着刻薄（王尔德：一个人总是可以善待他毫不在意的人），也可以严肃着搞笑（没人比我更懂……）。

把一句冒犯的话用不那么冒犯的方式说出来，是一个非常有用的技能，按萧伯纳的说法，甚至是一个非常重要的生存技能。因为很多时候我们并不用刻意冒犯，仅仅是陈述事实，就已经足够冒犯了。

如果我们想说难听的话，一个可行的处理方式是把它包装成一句夸赞，当对方听到生气的部分时，他已经没有了脾气，或者至少错过了生气的最好时机。就像包裹着糖衣的药片，当他尝到苦头时，已经吐不出来了。

在各大颁奖典礼和《吐槽大会》中，这种明褒暗贬、明夸暗

讽的"夸着骂"段子很多。吉米·坎摩尔在第89届奥斯卡金像奖颁奖典礼的开场,用夸人的方式吐槽了相爱相杀的马特·达蒙:

马特做了一件非常无私的事情,我在这里得好好地表扬一下他。你们应该都知道,马特本来是可以主演《海边的曼彻斯特》(获得了奥斯卡金像奖最佳原创剧本奖与最佳男主角奖)的——他本人是制片人,他6次被提名过包括最佳男主角在内的奥斯卡金像奖(包括获奖),他本来可以自己演的,但他把这个角色让给了自己的发小——卡西·阿弗莱克,他把这个奥斯卡金像奖级别的角色让给了好朋友,而他自己去演了一部中国电影《长城》,结果那部电影亏了8000多万美元,干得漂亮……

吉米的前辈囧司徒(即乔恩·斯图尔特)在第80届奥斯卡金像奖颁奖典礼的开场也没有客气,进行了一个更短平快的夸着骂:

《我的老婆是巨无霸》也被提名了,这真的太棒了——电影学院已经很久没有重视过烂片了。

夸着骂要想成立,有两个比较基本的要素:
(1)基于部分事实;
(2)选取特定角度。
大家可能耳熟能详的一句话是"数据是会骗人的"(甚至,数据就是用来骗人的)。事实或许是客观的,但对事实的选择一定是主观的。基于部分事实和真相，才能让人相信，也才更有意思。谎言是真相之树结出的果，而幽默是开出的花。我们选择了部分事实和真相之后，再选取特定角度，就能形成很好的幽默素材。

我接触过的最有意思的案例之一，来自中国男足（这并不令人意外）。中国男足的水平大家都有一个基本概念，战绩也都是公开数据，利用这些数据和事实，我们依然可以找到夸的角度，甚至可以把男足包装成世界强队。我在这里引用网上流传甚广的一个段子：

在世界杯的历史上，仅有 3 支国家队战胜过中国国家队，分别是巴西、土耳其、哥斯达黎加。没有任何一个足球强国能够逼平中国队，即使是巴西这样的世界强队也仅战胜过中国队一次。中国队从未在世界杯点球大战中失利过，从来没有一支球队能够在世界杯上击败中国队两次。而且，中国队在世界杯上的丢球数远少于巴西队和以防守见长的意大利队，在过去93年[①]里，中国队只丢了 9 个球。西班牙、德国、意大利、法国等强国，93 年间在世界杯赛场上未取得过与中国队交战的资格！

单看这段话，中国男足简直是宇宙第一强队。整段话在事实层面毫无破绽，挑不出毛病来。这就是事实和视角在幽默中的作

---

① 首届世界杯于 1930 年举办，中国男足 2002 年唯一一次闯入世界杯决赛圈，因此此处的年数可以替换成 2002 年之后的任何年份减 1930，例如 2023-1930=93。

用。就像拍照一样，同样的事物，选取不同的入镜细节量和合适的角度，就可以拍出完全不同的效果。

夸人的方式有很多，我在这里选取一些有代表性和实用性的句式。

（1）×××是我见过的最……的人/×××太……了。

这个句式的核心是一个模糊但正向的形容词。我们不难注意到，"夸赞"和"夸张"的"夸"是同一个字。一定程度的夸张，是赞美的必要组成部分，否则赞美就不是赞美，而是陈述事实。用一个形容词来"拔高"一个人，你就人为地制造了一个评价和事实之间的落差，这就为幽默积累了势能。我们像西绪福斯一样把一个人推到山顶，再任由他落回到事实的地平线，幽默就在这个过程中产生了。从幽默的角度来看，西绪福斯所做的工作并不是徒劳的，从本质上说，喜剧演员的工作就是西绪福斯式的——无法改变任何东西，但依然尝试在无意义中寻找一些意义。

所以，现在我们得到了我们需要的事项清单：

事实

角度

形容词

我们不妨用几个老套的事实来做练习，比如现在我们需要处理的事实是：

演员甲眼睛小。

接下来我们尝试寻找一个角度，我们可以从"眼小聚光"的角度来说，当然我们也可以跳出去想，如果眼睛小，那么什么大？我的答案是脸的面积相对大。于是，我们得到了一个角度：

演员甲的脸面积更大。

接下来，我们需要把这个角度包装一下：

演员甲要脸。

按照我们的句式，这个段子的最终形式是这样的：

演员甲是我见过的最要脸的人，他甚至不想让眼睛占一丁点额外的面积。

这个段子是我在写这部分内容的几分钟内想出来的，如果给我更多时间，可能会有更成熟的例子，但我依然想要给大家传递完成比完美更重要的逻辑，所以我决定保留现在的这个版本。

有时，形容词之后甚至不需要额外的解释，通过形容词本身就已经可以制造效果了。有时我们会用一些在 A 领域是正向得体的，但在 B 领域却不一定是正向得体的形容词，比如形容一个人的长相很励志，形容一个公司年报写得很有创意，形容一个需求提得很自信，等等。这种褒义形容词的错配能产生非常好的效果。

另一种情况是属于实在没的夸了，但必须硬夸，就像有些失业的人可以领到低保，"赞美"这个领域也有一些最低保障型的形容词。当我们说一个作品很真诚时，多半是技术粗糙；说一个员工态度端正时，大概率他是能力不行；说一个"爱豆"很努力时，很可能是他没什么拿得出手的作品。

（2）感谢×××，他……

在日常生活中，"感谢"出现的频率非常高。在很多场合中，"感谢"是一个必需的环节，尤其是在聚会和一些公众表达时。但感谢只是一个形式，用感谢来表达负面的意思，相信大家也并不陌生，"我谢谢你全家""我真的会谢"都是生活和网络上的常见句式。这个句式的逻辑不难理解，就是一件不那么好的事情发生之后，我们强行去寻找一个往好处想、往好处看的角度，然后用表示感谢的角度来调侃。

如果说上一个句式需要拔高，那么这个句式就要求我们低到尘埃里。一件坏事发生了，我们需要去想，有什么更差的可能，有什么更坏的事情。从更差的立足点来看，这件事就不那么坏了。

2022年的大年初一，中国男足以1∶3输给了越南队，网络上的段子满天飞，我当时在微博上写了这样一个段子：

感谢中国男足的努力，让大家迅速从对春晚的负面情绪中走了出来。

2020年欧洲冠军联赛（简称"欧冠"）八强赛，巴萨以2∶8的比分略带耻辱地输给了拜仁，即便是在这种情况下，我觉得还是能找到感谢的角度，于是写了下面这个段子：

巴萨和拜仁的赛后采访到尾声时，记者问两位主帅有没有什么要感谢的。拜仁主帅说："感谢我们的对手，和我们一起贡献了一场精彩的比赛。"

巴萨主帅说："感谢比赛只有90分钟。"

当然，感谢也不一定非要用到"感谢"二字，想要感谢一个人，我们也经常用到"不能没有你"这样的逻辑。相声捧逗哏搭档之间也经常会用到这样的逻辑，"我能有今天主要是因为你——没有你我早就红了"。在一些场合我们也经常听到"我无法想象没有你的日子"这样的表达，但这句话其实是一个非常好的反转开头：

我无法想象没有你的日子……我会有多开心。

（3）×××是很成功的，他成功地……

"成功"是一个很有趣的词语，它作为动词，以及作为形容词出现时，意义是正面的，但如果作为一个状语"成功地"出现，它更多时候只是表明这件事完成了，成了一个中性词。像霸道总裁题材作品里最经典的那句"女人，你成功地引起了我的注意"，我们就实在看不到这个"成功"的成功之处。

所以，用"成功"这个词来过渡，把一个人描述为"成功地"完成了一件不那么"成功的"事情，就可以制造一个很好的"夸着骂"。

我们依然用中国男足以1:3输给越南的那场比赛做例子，如果我们想用"成功"的这个句式评价时任中国男足主教练的李霄鹏，我们大概可以这么写：

李霄鹏作为一个主教练是很成功的，他成功地降低了我们对中国男足成绩的预期。

（4）我要向×××学习/×××是我的榜样/×××是一个很厉害的人，他……

这个句式的好处有两点：首先，形容词可以有不止一个，可以用排比的方法来制造更有层次的幽默；其次，从逻辑上说，"榜样"只是我想要像他一样，想学他，但是学好学坏可没说，这就给后续的反转留下了更多可能性。甚至学坏的可能性更大，毕竟学好不容易，学坏一出溜。

为了保持整个小节例证的延续性，我们依然用中国男足举一个例子，如果脱口秀行业想要向中国男足学习，那这个段子可以这么写：

我觉得我们脱口秀演员还是要向中国男足队员学习，真的，他们在场上是怎么做到那么好笑的。

这个句式还有一个非常有趣的变种，就是在堆砌了一系列华丽的形容词和评价之后，揭晓夸的人并不是一开始大家想的那个人。在 2011 年喜剧中心"川普"（即唐纳德·特朗普）吐槽大会上，赛斯·麦克法兰作为主持人，两次使用了这个结构：

不开玩笑地说，我今天非常荣幸能来吐槽一位光芒万丈、魅力四射、白手起家的亿万富翁，并且我坚信他有朝一日能执掌我们这个国家……结果马克·扎克伯格有事来不了了，我们只能找这个胖子（川普）来替补一下……

今晚，我们要致敬一位百万富翁，他白手起家，努力工作，积累了巨大的财富，这个人就是弗雷德·特朗普——唐纳德·特朗普的爸爸……

套用前文讲过的一个句式，赛斯·麦克法兰的表现无疑是成功的，他成功地让川普误认为自己配得上这些评价。

谐音哏好笑在哪儿

谐音现象在人类语言中普遍存在，谐音现象的存在基于两条基本原理：

（1）一种语言能包含的语音是有限的；

（2）因为文明的发展和文明之间的交流与融合，一种语言要容纳的语义是不断增加的。

在探讨谐音哏（谐音现象）之前，我们需要对一些概念做区分和澄清，当然，事实上区分的目的并不是区分，相反，我希望大家意识到概念区分在研究谐音哏的过程中并没有那么重要。

广义谐音哏与狭义谐音哏

广义谐音哏指所有的谐音现象，狭义谐音哏除了谐音现象之外，还需要有意识地通过谐音现象制造笑点。简单地说，广义谐音哏，重点在"谐音"；而狭义谐音哏，重点在"哏"。

狭义谐音哏中，我非常喜欢的是一个流传甚广的段子：

某日，侍郎、尚书、御史三个高官走在路上，看见一只狗从三人面前跑过。御史问侍郎："是狼是狗（侍郎是狗）？"

侍郎脸都绿了："是狗。"

尚书和御史都大笑："何以知道是狗？"

侍郎说："看尾毛，下垂是狼，上竖是狗（尚书是狗）。"

尚书脸都气歪了。

侍郎接着说："也可以从食性看。狼是食肉，狗是遇肉吃肉、遇屎吃屎（御史吃屎）！"

广义谐音哏广泛存在于日常生活和文学作品中。在古代和近代，民俗活动、歇后语等是广义谐音哏的常见区，比如"蝠"和"福"的谐音，"枣生桂子[①]"和"早生贵子"的谐音；而在现代，文案和广告行业则担负起了将广义谐音哏发扬光大的历史重任。除此之外，在文学作品中，广义谐音哏也数见不鲜。"东边日出西边雨，道是无晴却有晴"是我个人非常喜欢的包含广义谐音哏的诗词，而"逃之夭夭"这个成语来源于"桃之夭夭"的谐音。

跨文化交流也是广义谐音哏产生的温床，尤其涉及翻译时，"音译"这个技术本身就是通过谐音来实现的，人名、地名、品牌名、物品名，甚至一些形而上学的概念，都是依靠谐音得以被翻译，只是有时因为翻译得太妙，以至人们忘了这是被音译过来的词。我个人认为最巧妙，也是和喜剧相关性最强的例子，莫

---

① 枣生桂子：一种求子食俗，在婚床上放置枣、花生、桂圆、瓜子（一说莲子）等，许愿新娘可以"早生贵子"。

过于"humor"被林语堂先生翻译为"幽默"。尤其当我看到之前几位先生将其翻译为"语妙"（过于四平八稳）、"欧穆亚"（过于像山寨床垫品牌）、"优骂"（过于王尔德）、"酉骎"（过于唐山口音）时，越发感恩林先生的才华，甚至有些后怕。

谐音与双关

不同的人对"谐音"和"双关"以及两者的区别有不同的理解，我个人倾向于谐音是一个更广泛的概念，而双关是一种特殊的谐音哏，即通过同音、同字的词表达两种及以上的意思从而产生的哏。但正如本小节开头所说，这个分类并不重要，所以这里不做赘述。就像女王伊丽莎白二世说的，"真正的爱国主义者并不排斥其他人对爱国主义的理解"，真正的谐音哏爱好者也不排斥其他人对谐音与双关的定义。

我在这里写一个我个人非常喜欢的双关哏：

"无知和冷漠有什么区别？"
"我不知道，我不在乎。"

谐形哏等其他"类谐音哏"

既然从语音相似的角度可以产生谐音哏，那么从字形的角度就可以产生"谐形哏"。篇幅原因我在这里不做过多分析，仅举几个例子，供大家参考。

（1）有一天，一只熊学会了把四只脚藏起来爬着走，另一只熊从旁边经过，说："看把你能得。"

——@谐音梗研究所

（2）对"找"字求导，就得到了"我"。

对"心"字求导，就得到了"必"。

——@史炎 nacl

在浪费了很大篇幅进行了一些概念梳理之后，我简单分析一下谐音哏制造幽默效果的基本机制。我先举两个非常简单的谐音哏例子：

（1）苏轼最喜欢吃牛肉，为此写下了传世名作——《吃beef》。[①]

——@谐音梗研究所

（2）海鸥飞到巴黎都不叫了，因为巴黎鸥来哑。

——@谐音梗研究所

为了讲清楚谐音哏的最基本运行机制，我们引入一个"弓（bow）—箭（arrow）—靶（target）"模型，简称"BAT 模型"。在这个模型中，谐音哏的运行机制如下：

以一个段子的铺垫作为"铺垫弓"（bow），驱动段子中的

---

① beef 意为牛肉，《吃 beef》与《赤壁赋》构成谐音哏。

"箭短语"（arrow phrase）去射击受众心智中的"靶短语"（target phrase）。

铺垫弓：海鸥飞到巴黎都不叫了，因为

箭短语：巴黎鸥来哑

靶短语：巴黎欧莱雅

铺垫弓：苏轼最喜欢吃牛肉，为此写下了传世名作——

箭短语：《吃 beef》

靶短语：《赤壁赋》

一个成功（至少不招人烦）的谐音哏，通常有以下几个特质：

（1）"铺垫弓"设置一个"引发好奇"的荒谬情境，使得"箭短语"的语音可以情理之中又意料之外地出现，并引发受众的好奇心，如"海鸥飞到巴黎都不叫了"，这是一个很荒谬的情境，但同时会让受众想知道为什么。

（2）"铺垫弓"部分必须像谜题一样，通过隐藏部分词语、改变词语位置、同义替换、指代、隐喻或添加冗余词语，使观众产生解密的优越感。

（3）"靶短语"往往正在或曾经以某种暴力强压的方式（广告／教育／经典艺术／流行歌曲／影视作品／口头禅／网络流行语等）占领目标受众的大脑，比如"巴黎欧莱雅"是著名品牌，而

《赤壁赋》是大家耳熟能详的经典文学作品。

（4）"箭短语"和"靶短语"往往在某一方面（审美/话题/情境/年代/语种等）存在巨大势能差，例如《吃 beef》和《赤壁赋》就存在语种和审美的巨大势能差。这个势能差能制造意外感，从而增强喜剧效果。

这个模型可以简单解释谐音哏产生幽默效果的机制，但从根源上说，依然是在"意外"和"优越感"两个幽默基本原理的框架之下。因为篇幅所限，我们在这一小节中不对谐音哏做更细致的分类，也暂时不探讨其更复杂的运行机制。记忆力好的朋友可能还记得，我们这一小节的标题是"谐音哏好笑在哪儿"，前面我们花了很大的篇幅讨论了"谐音哏好笑"的问题，那么在文章结束之前，我们花一点时间来讨论一下"谐音哏在哪儿"的问题。这个问题很好回答——

欢迎大家关注微博 @谐音梗研究所，每天收获新的快乐。

"内部哏"应该怎么用

2014年第86届奥斯卡金像奖颁奖典礼上星光熠熠,作为传统保留节目,颁奖典礼主持人在开场时免不了大力吐槽一番前来参加典礼的各位嘉宾:

"……我觉得今年的电影精彩纷呈,其中有一个被提名的是《她》,当然,当我说到'她'时,我其实指的是梅丽尔·斯特里普。(掌声、笑声)梅丽尔总共获得过18次奥斯卡金像奖的提名(包括获奖),(掌声、欢呼声)我知道这听上去很棒,但你仔细算算账,每次从发型到服装,光是出席典礼就得花好几十万。我简单说吧,梅丽尔已经负担不起再被提名了,真是一大笔钱……(笑声)"

现场的欧美影视圈大咖们笑得前仰后合,掌声雷动,甚至梅丽尔·斯特里普本人也笑得不行,频频点头。不了解内情的朋友听到这个段子,可能会觉得莫名其妙,但其实这是一个著名的内部哏——"梅丽尔·斯特里普经常收获奥斯卡金像奖提名"。无独有偶，2017年的奥斯卡金像奖颁奖典礼上，主持人也讲了一个关于这个哏的段子：

> "……这是梅丽尔第20次获得奥斯卡金像奖提名（包括获奖），而且更神奇的是，她今年压根儿就没参演任何电影，我们只是按照惯例把她的名字写到名单里了……"

又一次，全场爆笑。不了解欧美影视圈内部哏的朋友可能会觉得莫名其妙——这到底有什么好笑的，但了解这个哏的朋友可能会笑昏过去，甚至大家每次都会期待看看今年的主持人还能用什么样的方式把这个哏说出来，能玩出什么新花样，整出什么新活。

当然，事实上这个内部哏已经在一定程度上出圈了，"梅丽尔·斯特里普经常收获奥斯卡金像奖提名"已经走出了演艺圈，成了一个网友和观众都能认知和理解的哏。

《脱口秀大会》第5季在网络上引发大量讨论的一个话题，就是内部哏的浓度过高——"离婚哏""喝酒哏""以智取胜CP哏"……新观众听到一脸蒙，老观众又有点嫌烦了。所以，很多人会觉得内部哏在幽默领域是个不好的东西，但其实内部哏和谐音哏一样，本身是一个中性的概念，没有好坏之分。虽然下定义在喜剧领域非常费力不讨好，但我还是尝试给内部哏下一个定义：

内部哏，基于某个特定圈子的共同经历、职业、学业、爱好、历史、信仰、文化背景创作，在圈子内能获得非常好的效果，但由于省略了一些在圈内不言自明的铺垫，对圈外的人来说可能需要很高的理解门槛。

当我们以这样的定义去解读内部哏时，你会发现，绝大多数的哏在某种程度上是内部哏，区别只在于圈子有大有小。事实上，即便是我们现在看来非常大众的哏，甚至已经成了当代互联网语言的一部分的词，在诞生之初也是内部哏。

比如，某职业电竞选手在一次直播中提到 Uzi[1] 时说："Uzi，永远的神。"而后"永远的神"以及它更具传播性的拼音首字母缩写"yyds"横扫整个互联网，虽然我并不是那么喜欢这个词，但仅从传播的角度来讲，"yyds"确实 yyds。

这样的例子还有很多，事实上，内部哏比我们想象的范围要广得多，它的本质是一种认同，有点像地下工作者对的暗号，能对上暗号的才是自己人。文化、传统、习俗……全都可以被看作广义内部哏。

从幽默的角度来讲，狭义内部哏绝不是幽默的敌人，而是幽默的基石之一。我们需要去做的不是避免内部哏（事实上也避免不了），而是去探讨怎么合理运用内部哏才不讨人厌，甚至还能给自己加分。

我们先明确一下内部哏的幽默机制。

---

① Uzi：电竞职业选手简自豪。

内部哏能产生一定的幽默效果，是基于认同的，而更关键的是能够产生"优越感"。这种优越感的来源有两方面，一个是观众觉得表达的人针对他们这个群体"定制"了一部分内容，这种被定制服务的感觉是会引发优越感的；另一个是内部哏往往会省略一部分在这个群体内部不言自明的前提，所以观众之间会有一种小小的竞赛心理——看看谁能先悟到，谁能先给这个哏拼出逻辑的最后一块拼图。所以，比较有趣的是，先听懂内部哏的人往往会笑得很大声（迅速反应带来的优越感），而一开始没有反应过来的人，大脑会开始高速运转，思考"我错过了什么"，最终实现"先笑带动后笑"，引发一阵绵长的笑声。

大概了解机制之后，我来说说内部哏的一些使用建议。

(1) 适用场景：特定人群

任何技巧都有其适用的场景，如果我们把内部哏当作一个技巧，那么它的适用范围应该是"面向特定人群"的表达——公司年会（特定公司）、行业论坛（特定行业）、同学聚会（特定学校）、粉丝见面会（特定社群）、脱口秀现场表演（特定现场）等。在这样的现场，运用内部哏是没问题的，也能达到很好的幽默效果。

有一次，我被邀请给一个广告行业的活动做开场脱口秀表演，我讲了这么一个段子：

广告圈的朋友特别喜欢说一句话，就是半个广告圈的人都到这个活动现场来了，我一直在想，另外半个广告圈的人去哪儿了，我觉得，可能人家还有业务要做吧。

在那个"特定行业"的现场，这类段子是能收到不错反响的——很多行业同人没什么新的作品，整天跑各种会议，大家都有共鸣。而且因为是偏"内部"的活动，大家的心态更放松，更能接受调侃——家丑不可外扬，但可以"内卷"。

但此时读到这个段子的读者，不一定会有特别强的感触。或者如果我在一个普通的脱口秀演出现场说这个段子，观众也会觉得莫名其妙。这就是内部哏不适用的结果——如果是面向非特定人群的表达，使用内部哏就不一定是一个好的选择，或者至少要冒一定的风险。比如，《脱口秀大会》这样面向非特定人群的综艺节目，使用过多的内部哏会让很多观众产生挫败感。内部哏是个好玩的东西，但它有适用范围。

（2）成功关键：对焦

对相机（尤其是单反）比较了解的朋友肯定知道，拍照时，对焦是一件很重要的事情，如果对焦对不好，很容易拍糊。内部哏的使用，也有一个对焦的问题。

虽然很难真正定量分析，但一个好的内部哏，应该是现场的大多数人（80%以上）或者至少多数人（50%以上）能够理解的，与此同时，这些人会认为，出了这个圈子的人理解不了这个哏。

有些朋友可能会问，如果我保证现场 100% 的人能听懂，是不是会更好更稳妥呢？这还真的不一定，因为你如果本着不可漏过一个的原则，这个圈子肯定会画得过大，反而不够聚焦。

　　如果是在一场互联网峰会，我们的"焦距"就应该是互联网行业普遍能听懂的"黑话"、痛点——融钱难、烧钱快、未来看不清等。但如果是一次互联网 A 公司的年会，我们就不能只泛泛地谈互联网行业，应该聚焦到该公司的企业文化、员工福利、组织架构、老板和高管的语录等。如果是 A 公司 C 部门的活动，那我们就必须更聚焦，聊一些该部门的部门文化、业务目标、部门在公司内部的现状等。如果是行业峰会，可以聊"闭环""链路""赋能"；如果是一个公司的活动，那可能就得谈一下"拥抱变化""坦诚清晰""去肥增瘦""科技向善"；如果是一个部门的活动，那就会有一些更细节的"黑话"。我在给某知名互联网公司的某部门做活动时，看到了占据一整面墙的 19 条价值观。

　　第一次见到这些时，我和我的团队就像第一次看到《处女泉》的李安导演一样——看不懂，但大受震撼。但当我们尝试学习，并把这些"黑话"用在活动里时，收到的反响是非常不错的。但如果你在其他行业的部门活动上把互联网行业"黑话"作为一个内部哏，就收不到预期的效果了。

　　"对焦"在论坛中也是非常重要的。因为一些原因，我经常参加一些行业峰会，在圆桌论坛（通常没有圆桌）环节中，我常常会注意到这样的现象，就是台上的几位嘉宾突然就一个共同的熟人或者共同经历聊了起来，此时几个人完全对焦在自己身上，观众就被忽略了，整个现场的气氛就会冷掉。所以，如果是在圆桌论坛上，要时刻意识到应该对焦在包括观众在内的整个现场，而不是台上这几个人。

类似的情况也会出现在朋友聚会上，两个人在聊内部哏时，合理的方式应该是把音量控制在私聊状态——你们两个能听清，但不打扰到其他人聊天。如果用一个"公告"的音量聊你们两个或者少数人才知道的内部哏，在现场气氛方面，就会产生一些问题。当然，除非你是有意为之，想借机把这件事情扩散出去，这是一个好奇心调动的问题，可能就跟幽默关系不大了。

不管是什么场合，总的来说，提前了解人群的构成，选择一个最合适的"焦距"，对内部哏而言是非常关键的。

(3) 创作抓手 1：热词

有时你进入了一个陌生的圈子，现场可能都是你不认识的人，想要通过内部哏迅速融入一个圈子，尤其是一个现场，最高效的创作方式就是抓住一些"热词"，或者也可以叫作"黑话"来出哏。热词可以是一个专业术语、一个词的缩写、一句台词、一个 slogan（标语）、一种价值观、一个领导刚刚在会上提出的目标等等。

有一次，我受邀参加一个耐克举办的内部分享会，那天的活动名称是 JDI Day——Just Do It Day[①]，我在开场自我介绍时就先调

---

① 即想做就做日。Just Do It（想做就做）是耐克公司的标志性宣传语。

侃了一下这个缩写：

今天我很开心来参加 JDI Day 的活动，我觉得 JDI Day 请我来分享还挺合适的，JDI——交大与我（"交大"的拼音首字母缩写为"JD"）。

还有一次，在某企业管理软件公司的销售年会上，我被安排在脱口秀板块做表演兼主持串场。在前期沟通时，我问了主办方的朋友们内部有什么"黑话"，他们说销售部门有个"黑话"叫"线性"，就是领导不仅希望销售数据增长，而且希望数据增长是稳步的、"线性"的，于是我在开场时就用了这个热词：

你们销售每一年都有自己的 KPI（关键绩效指标），我们讲段子也要求有固定的笑点，所以大家一会儿注意听，到了时间就赶紧笑，我们这个笑点啊，也是"线性"的。

而在后面一位表演者演完之后，为了调节气氛，我还做了一次小 callback（扣题）：

哎，时间差不多了，按照"线性"，你们该笑一次了。

（4）创作抓手 2：大人物

在很多需要内部哏的场景，现场都有一些大人物，有可能是领导，有可能是嘉宾，这时候抓住他们身上的一些特点（不一定非得是槽点）来做一些调侃，是比较有效的。一方面，这些嘉宾和他们身上的特点，是最有可能为现场的人所共知的；另一方面，调侃本身也是一种致敬。大人物往往更有安全感，更容易接受调侃，而他们先笑出来之后，在场的其他人也更容易笑出来，"擒贼先擒王"的道理，在幽默的领域也适用。

《吐槽大会》和《脱口秀大会》大家都很熟悉了，而历届奥斯卡金像奖和金球奖的颁奖典礼上，主持人也都是挑大人物开涮，我在这里就举一个比较近的例子。2020年奥斯卡金像奖的颁奖典礼由克里斯·洛克和史蒂夫·马丁联袂主持，开场时，两人就对现场的大咖之一、亚马逊总裁杰夫·贝索斯开始了吐槽：

克里斯·洛克：杰夫·贝索斯也来了！

史蒂夫·马丁：哇，伟大的演员！（假装自己不知道贝索斯是谁，但很捧场）

克里斯·洛克：这哥们儿可有钱了，他给银行开的支票银行都付不起！（观众笑）杰夫·贝索斯太有钱了，他离婚之后，依然是世界首富。（观众笑，贝索斯于2019年离婚）他是把《婚姻故事》当喜剧看的。（观众笑）史蒂夫，关于贝索斯先生，你还有什么要补充的吗？

史蒂夫·马丁：不了不了，我还想按时收到我的包裹。（观众笑）

类似的例子非常多，有兴趣的朋友可以看一些相关的视频。

（5）创作抓手 3：宿敌

比起共同的朋友、共同的话题，可能共同的敌人更能把现场的所有人一瞬间团结在一起。想象一下，如果你在漫威粉丝聚会上提到蝙蝠侠，在可口可乐爱好者面前提到百事，在麦当劳点餐时提到疯狂星期四，或者在曼联球迷聚会上提到如今的曼联。提及这样的"宿敌"会制造一种紧张感，而"紧张感的释放"正是幽默的另一大来源。

有一个例子，在 2020 年第 77 届金球奖颁奖典礼上，瑞奇·热维斯讲了这么一个段子：

没有人在乎电影了，没人去电影院了，甚至没人看电视了，所有人都在看 NETFLIX（美国奈飞公司），我们这届金球奖就应该是我出来说，干得漂亮，NETFLIX，你们赢麻了，奖都是你们的了，大家洗洗睡吧……

我本人也是利用"宿敌"创作的爱好者，很多《今晚 80 后脱口秀》的忠实粉丝至今对"交大哏"念念不忘，甚至时至今日《脱口秀大会》里提到"交大"，还会有朋友在弹幕上刷我的名字。而我在交大演出时，不管是相声还是脱口秀，复旦大学几乎是一个必会提及的话题。2012 年我在个人脱口秀专场《交大往事》里写的一个哏，虽然现在看来非常不成熟，但在当时，我还挺喜欢的：

我当时看着那个华师大女生的背影，喊了一句："同学，有空去同济找我们玩啊！"小胖说："哎？你怎么说自己是同济的啊？"我说："嘁，咱不能给交大丢人啊！"小胖说："那你怎么不说自己是复旦的啊？"我说："嘁，咱也不能给自己丢人啊！"

所以，内部哏不是洪水猛兽，只要合理使用，注意场合和方式，是不会讨人厌的，甚至还能给自己加分。抛开语境谈幽默，就像抛开剂量谈毒性一样。对专业的喜剧演员，我们当然希望（甚至要求）大家在面对非特定观众时不要随意使用内部哏，但如果是私人的聚会或者特定圈层，内部哏是一个行之有效的幽默手段。不用怕，JDI!

"自嘲"是自信的最高级表现

我最喜欢的一个关于自嘲的例子，来自一位名叫莎拉·米利肯的喜剧演员，采访者问她为什么从事喜剧，她给出的回答是：

人们总是嘲笑我，所以我想，去他们的，干脆赚他们点钱！

这个回答简单直接，干净漂亮，堪称教科书式的自嘲。

优秀的喜剧演员在"冒犯"别人之前，应该追求成为自嘲的高手。事实上，在脱口秀的舞台上，从来都不缺少自嘲。从《今晚80后脱口秀》时各位嘉宾调侃彼此眼睛小、"妻管严"、只会谐音哏开始，到后来的各类脱口秀综艺中，关于发型、颜值、学历、收入等的自嘲层出不穷，说自己不红、过气、江郎才尽的就更多了（包括我本人）。

自嘲的内容甚至能折射出脱口秀行业这些年的发展。记得几年前脱口秀还远没有现在这么火，开放麦的观众经常是个位数，很多演员经常自嘲观众少，甚至观众比演员还少。当然，不只脱口秀，在德云社早期的一些作品里，我们也能听到类似的调侃。

来现场看的观众少，知道什么是脱口秀的人就更少了，在不同的城市和场合下，我们不得不略带自嘲地承认自己表演的是单口相声、"单人转"、说普通话的海派清口……甚至幽默演讲。

挣钱少也是早年间的一大自嘲点，当年一场的演出费可能就一两百块钱，当年的演员——甚至只能称得上是爱好者——都得靠一份全职工作来养脱口秀这个爱好。脱口秀慢慢火起来之后，有些人真的可以靠脱口秀养活自己了，"全职脱口秀演员"这个名称应运而生，当然，演员们自嘲时也不会放过这个名称，我们会把"全职脱口秀演员"作为"失业"的委婉表达。

大家在任何一场脱口秀演出或者综艺节目中，都能找到无数自嘲的例子。通过自嘲，演员们展示自己的弱点，更好地和观众建立连接，为自己接下来可能会冒犯他人的表演内容赢得一些同情分，就像一只小猫咪先露出肚皮让你摸，等你摸得兴起，小猫咪突然挠了你一下，你似乎也不好意思怪罪。

当然，自嘲绝不仅是一个在喜剧舞台上行之有效的技巧，更是一种通往自信和自洽的人生态度。很多人会觉得，一个自负的人会让自己立于不败之地。但事实恰恰相反——自负的人，会让自己立于随时可败之地，而自嘲，可以让你躺于不败之地。这就像为了不让别人踩自己，很多人的选择是尽量站得高，但事实上总有人可以站得更高并踩你一脚，而你自己站得太高时，即便没有人踩，你也可能会跌得很重。但自嘲的人，选择躺在大坑里，如果有人想来踩，可以，但首先，你自己得先摔个大跟头。

从功利一点的角度来看，在社交场合中，自嘲是很重要的气氛调节器。在不同的社交场合，如是什么局、人数多少、有没有"外人"等，一个人可以被调侃的边界可能是不同的。你不拿自己开涮，别人也不知道怎么拿捏尺度，就会形成一种"社交紧张感"。每个人都先自嘲，别人就知道彼此的尺度大概在哪儿。所有房间都有大象，而自嘲，可以把房间里的大象赶出去。就像如果我先调侃交大不如复旦，那大家就都知道了这是可以调侃的。房间里有大象，气氛就会很局促；把大象赶出去，才能放得开。

甚至对那些不那么友好的人，自嘲是一种心理上的正当防卫机制。我想用一个略显俗套的片段来解释自嘲的内在机制，大家可能在很多影视作品中看过这样的片段，两拨小混混打架，有一边的人突然拎起一个酒瓶子，"咣"地给自己头上来了一下子，对方这时候就有点蒙了。因为如果你用酒瓶子打对方，那就肯定是谁都不认输，直接打起来，但如果你打自己，对方可能会觉得对自己都这么狠的人，肯定不好惹，心中反而会升起一些敬意。

有一个常见的自嘲范式是"连我都……"，有点像啤酒瓶拍头的感觉。脱口秀的演出和开放麦里，演员经常自嘲的点是"这个演出连我都能来"，《脱口秀大会》第5季里，黄大妈开场时也说："这个节目不值得你们追，连我都能上。"我如果要自嘲，也会说："交大这个学校不怎么样，连我都能考上。"自嘲，是一种心理层面的先干为敬，我嘲了，你随意。

在《权力的游戏》里，小恶魔提利昂·兰尼斯特说过一段话，在我看来是对自嘲的绝佳诠释：

让别人看到他们的话能刺痛你，你永远无法摆脱他们的嘲笑。如果他们想要给你一个名号，接受它，把它变成你自己的，这样他们就再也无法用它继续伤害你了。

道家讲究"四两拨千斤"，李小龙说"be water[①]"，以退为进，以守为攻，把别人的刀剑锻造成自己的铠甲，这就是自嘲的能量所在。

包括喜剧舞台在内，自嘲可以发生在任何情境中，有人生就有自嘲，人生遇到尴尬和困境时，自嘲就更有存在的必要。我看过一个视频，李娜发球直接发到了看台上，赛后记者问那个发球是什么情况，李娜说："我想和我的粉丝们有更好的交流。"在我看来，这就是很好的自嘲案例。

美国前总统里根于1981年遇刺，肺部重伤，因为抢救及时而迅速康复。在之后的一个演讲现场，一个气球爆掉了，声音有点像枪声，他在现场做了一个在我看来堪称经典的即兴自嘲，他说："没打着。"

在面对死亡威胁时能做这样的自嘲，我们能看到的是内心强大的自信。当然，在真正面对死亡时，自嘲更能打动人心。古往今来，很多大师都在墓志铭上留下了优秀的自嘲范本。海明威的墓志铭上就留下了这样的文字：

---

① 意为像水一样。1971年李小龙接受访谈时说过一段话：清空你的思绪，像水一样，灵活、无形，把水倒入杯子，它变成杯子的形状，把它倒入瓶子，它变成瓶子的形状，把它倒入茶壶，它变成茶壶的形状，水可以流动，也可以撞击，像水一样吧，朋友。

Pardon me for not getting up.

原谅我，我不起来了。

幽默不能帮我们战胜死亡，但可以帮我们超越生死。

幽默离不开 callback

如果要评选《复仇者联盟 4：终局之战》中最直戳人心的台词，在我心中有两个候选项，一个是小摩根·斯塔克充满童真的"我爱你 3000 遍"，而另一个就是在大决战的高潮部分，托尼·斯塔克打出响指之际说的那句：

"I am Iron Man."

"我是钢铁侠。"

这句话几乎没有任何新奇之处，甚至都不是第一次出现。早在漫威宇宙的开篇之作《钢铁侠》第 1 部中，托尼·斯塔克就在记者招待会上说出过同样的句子。但就是这样一个句式是最简单的主系表结构，内容是陈述一个事实的句子，却成为经典，因为这句话运用了一个非常重要的技巧——callback。

"callback"这个词很难翻译，意译成"呼应"或者"回扣"或许勉强可以（但没必要），音译的出路就更不乐观——"靠北"

在中国南方的一些方言里，并不是一个文雅的词。callback 为很多人所熟知可能是在脱口秀和喜剧领域（说得再直白一点，对中国观众来说，主要是《脱口秀大会》等脱口秀综艺节目），但文学作品中之前出现过的关键词、对白、动作、情节再次出现，都可以算作 callback。callback 在生活中也大量存在，"yesterday once more"（昨日重现）就是 callback 在生活中的表述。

callback 不专属于幽默，但和幽默之间的羁绊是非常深的。一些喜剧大师认为"喜剧就是重复"，callback 的重要性不言而喻。一个词，一句话，一个表情、动作在不经意间的重复出现，就像在大城市地铁站口的便利店偶遇老友，好久不见但能认出来，既会让人感觉"意外"，又会让人产生"优越感"，非常符合幽默的原理。对喜剧演员而言，callback 是一个非常重要的创作技巧，但在这里我显然无意探讨那么深的话题，我们只聊一聊 callback 在日常交流中的应用。

callback 也属于那种"简单但不容易"的技巧，从本质上说非常简单，就是一种"重复"。既然是重复，就需要有一个对象，通常是一个笑点或者是一个令人印象深刻的句子，有些时候也可以是一个标志性的表情、动作；可以是自己说的，也可以是注意或者挖掘现场其他人的。接下来你要做的，就是在适当的时机，把这个句子或者表情、动作重复一遍或者几遍。所以，callback 的完成步骤甚至比"把大象放进冰箱"还要少：

（1）创造或者挖掘一个给人留下深刻印象的笑点、金句、标志性表情或动作；

（2）在适当的时机重复。

《老友记》里一个非常知名的眼是乔伊·崔比安尼在搭讪时经常说的一句开场白——"How you doing？"（你过得怎么样？）除了自己的多次实践，他还慷慨地进行了教学培训，瑞秋和其他很多朋友也都引用这句话，形成了一个绝佳的 callback 范例，以至每次乔伊见到女生，上下打量，单侧嘴角上扬，观众都会有一种期待，等着这句名台词出现。但观众并不会觉得审美疲劳，因为就算这句话是一样的，说出这句话的情境，以及说完之后对方的反应每次都是新鲜的。我们可能看到乔伊说完之后遭遇的滑铁卢，或者因为某位学徒没有把音调掌握好［"you"（你）的重音非常重要］而冲出来现场教学。

在喜剧舞台和影视作品中，callback 往往是预设好一个眼，第一次"引爆"后，在恰到好处时再出现一次或者若干次，也就是说要先种下一颗种子，然后隔一段时间去收获果实。这往往需要精妙的设计和多次彩排（试错）才能找到最佳时机。但在日常生活中，显然没有喊"cut"（重来）的机会，好在我们对最终结果也没有那么高的预期。对在日常生活中 callback 的使用，我有一些更具有可操作性的建议。

第一步：等待或者创造一个引发全场笑声／掌声／附和的"热词"

无论是在公众演讲、圆桌论坛，还是朋友聚餐时，往往都会有一个"热词"出现，这个表达会引发全场的笑声或者掌声。我们不用去探究这个词为什么好笑，《进化论》说"物竞天择，适者生存"，笑点也是一样的，观众就是最苛刻的自然选择条件，能让现场的人都笑出来的"热词"，一定有它的特别之处。所以，在第一步，我们不用费力创作一个哏，甚至不用去判断一个哏好不好，从一个农耕社会"生产者"的身份，回到一个原始社会"采集者"的状态，摘到什么哏用什么哏。

那么这样一个"热词"通常会有什么特质呢？基本上是以下3点：

（1）引发全场笑声/掌声/附和

由此来确保给人留下深刻印象，以便再次提到时，所有人可以迅速反应过来。

（2）利于重复（通常2～6个字）

在社交场合，callback是一个讲究快速反应的互动，如果需要callback的内容过长，既不容易被记住，也不容易被重复——可能你说完前3个字大家就已经知道你要说什么了。大段内容的callback更多出现在影视作品中，像《武林外传》里佟湘玉的那段台词："我错了，我真的错了，我从一开始就不应该嫁过来，如果我不嫁过来，我的夫君也不会死，如果我的夫君不死，我怎么会沦落到这样一个伤心的地方……"在现实生活中（就算考虑到她老板的身份）几乎不可能有人愿意听完。但像"碎碎平安""生日快乐""打是亲骂是爱"这些话，至少从长度上看，都有可能成为这样的热词。

（3）通常带有一定的情绪和判断

因为短，又能引发共鸣，所以这样的短语不太可能是逻辑严密的分析，更有可能是比较简单直接，甚至带有一些情绪的判断。

像"交大最牛"这种短语就有可能成为某个现场的热词，但"上海交大在 2023 年泰晤士高等教育世界大学排名中位列第 52"就不可能成为这样的热词，尤其是考虑到复旦大学位列第 51 的情况下。但如果刚好聊到这个话题，"差一位差一位"或者"敬第52 名！"是有可能成为这样的热词的。

在一次演出中，主持人和第一排的一位女生互动，大概是问了一下她觉得另一半是一个怎样的人，当时女生说了一个词——温顺，引发了全场的爆笑。脱离语境，这个词平平无奇，但在当时那个现场，这就是一个非常有 callback 潜力的热词。我在之后的演出中也多次 callback 了这个词，甚至本来的段子里和"温柔"相关的表述，我也都换成了"温顺"，起到了非常好的效果。

第二步：在下一个交流话题中进行 callback 测试

第一次 callback 的时机很微妙，通常不能和这个热词第一次出现的节点离得太近，否则缺少意外感，但又不能离得太远，否则大家可能已经淡忘了。具体时间很难有定量的估计，但一个简单的判断方法就是，如果在场的人已经开启了下一个话题，大家把这个词留在了上一个话题，就可以考虑尝试 callback 了。如果得到了好的效果，那么验证成功，这个热词就算立住了，可以继续使用；即便没收到什么效果，也没有关系，毕竟不是只有这一场演出，不需要有那么大的搞笑负担。

有一次，我和西安山灰艺术社区的几位创始人在聚会时，其中一位朋友在评价一个艺术展时说了一个词——蛮当代的，引发了大家的笑声。在之后的一个和艺术无关的话题里——不出意外的话应该是西安美食——我又说了一次"蛮当代的"，又引发了大家的笑声和附和，试验成功。"蛮当代的"在之后的聚会中成了一个被高频 callback 的表达，甚至贯串了我们在西安的整个行程。

第三步：测试成功后，有限度地使用 callback

callback 就像一块口香糖，可以嚼相当长的时间都还有味道，但味道总会淡去，这时候再嚼就会让人觉得厌烦，所以，有限度地使用就显得很有必要，在使用过几次，感觉大家对它的反馈已经变弱了时，就需要主动停止，只在特别有必要时再使用。那什么时候是有必要时呢？我给大家一个小贴士，这个热词很多时候是可以拿来救场的。当聊到一个话题空气突然安静下来时，我们可以祭出这个热词，作为最后的撒手锏。为了救场而 callback，并不会让人觉得讨厌，大家只会觉得："嗯，怎么说呢，还蛮当代的。"

在日常交流中，大多数 callback 是现场抓的哏，能够提前准备的不多，但最后我想给大家介绍几种特殊的 callback 类型，大家不妨了解一下，万一将来用得上呢。

（1）"个性签名"型

许多人有着自己的"标志性××"，可以是标志性的容貌——豹头环眼的张飞、面如重枣的关羽、逗号刘海的徐志胜，可以是标志性的嗓音——单田芳老师的醇厚、石班瑜（周星驰御用配音演员）的灵动、志玲姐姐的甜美，也可以是标志性的穿着、动作、口音等。和 callback 相关性比较强的，就是"标志性口头禅"，即每次人物出场或者特定的事件触发时说出的话，我们可以理解为"个性签名"型的 callback。

除了前面提到的《老友记》里乔伊的"How you doing"，《武林外传》里燕小六的"照顾好我七舅姥爷"也可以算这个类型。当然，最经典的"个性签名"，还是冯巩老师在春晚上的那句"亲爱的观众朋友们，我想死你们了"。

从春晚刚刚起步没多久的 1986 年开始，连续 33 年登上春晚的舞台，冯巩老师的经历是创纪录的，而他创造的"我想死你们了"，前前后后 10 多次出现，可以算是观众在除夕夜最期待的一个 callback。

这个 callback 还有一个很有趣的点，就是它由两个小的分句组成，到后面只要冯巩老师说出前半句"亲爱的观众朋友们——"，全场观众就会跟着一起说后半句"我想死你们了"，让这个 callback 成了一个游戏感和仪式感都很强的互动。

郭德纲老师早年的相声作品《我这一辈子》里面，也有一个类似的 callback，就是"活该，死去"。到后来只要郭德纲老师在台上先说"活该——"，整个现场的观众就会一起大喊"死——

去——"。让观众参与其中，成为 callback 的一部分，会让他们产生非常大的优越感。

（2）"以彼之道还施彼身"型

《天龙八部》中慕容复的成名绝技"斗转星移"在金庸武侠宇宙里属于非常另类的一个招式，简单来说就是用别人的招式来反击，以彼之道还施彼身，从某种意义上说，这也是一种武学 callback。这种"反击"型的 callback，在喜剧领域也很常见。

《脱口秀大会》第 5 季里有一个段子，是关于孩子和妈妈之间的交流。

有一天，我说：妈，其实你还挺年轻的，要不你再找一个吧，他将来也能照顾你。

我妈想了想说：我现在一个人多好啊，就是自由自在，想干啥也没人管我。

我说：**你现在理解我了？**

我说：其实我也不是真的想让你找一个，我是怕你后半辈子，以后就要跟我过了。

她说：**你现在理解我了？**

这就是"以彼之道还施彼身"型的 callback，这种干净利落的反击是大家喜闻乐见的，把一句话回甩在别人脸上，堪称喜剧界的"爽文"。

（3）"加倍奉还"型

我个人非常喜欢堺雅人老师，他在《半泽直树》第 1 季第 1 集里有一句著名的台词："以牙还牙，加倍奉还。"配上堺雅人老师的演绎（主要是颜艺），应该是很多粉丝心中的名场面。

半泽直树对这句话的 callback 是一个特别的类型，他不是停在这句话，而是在同样的句式之下，给内容不断加码，从一开始的加倍奉还，到后来的十倍奉还、百倍奉还、千倍奉还……从第 1 季大结局的"百倍奉还"，到第 2 季大结局的"千倍奉还"，照这个速度，我真心希望《半泽直树》能拍到第 7 季，最终实现一个亿的小目标。

别那么认真，就是打个比方

就像煮方便面很难在严格意义上算作烹饪手法一样，打比方 / 类比也很难称得上是一种严谨的论证手段。结论的得出往往需要严格的逻辑推导，想要凭借打比方 / 类比得到结论，就像寄希望于拿着一张简笔画去追查通缉犯，很难搞定，只能搞笑。

当然，打比方 / 类比对帮助我们认识新事物大有裨益。无论是在公众演讲、工作会议，还是广告营销活动中，它都有相当大的用武之地。它能实现的功能更像是你和新朋友第一次见面时的破冰，能快速建立初步的认识，而真正深入的了解，还得靠后面的相处。但这也就够了，毕竟它只是个比方而已。

甲之砒霜，乙之蜜糖。虽然在认知方面难堪大任，但在幽默领域，打比方 / 类比是不折不扣的利器。因为幽默需要的恰恰不是严谨，而是一个浪漫主义的近似。在看似不相关的事物之间建立联系——或者说发现联系——是一个非常重要的幽默技巧。当你能把两个看似不相关的事物联系起来时，你仿佛在两者之间修建了一个传送门（或者虫洞），在这个"瞬间传送"过程中产生的意外和惊喜，成了幽默的基础。

古早时期的互联网有一个段子，是我认为非常经典的类比，在两个看似完全不相关的事物之间，建立了层次丰富的类比关系：

读博士和大便的共同特点：

1.都是憋出来的；

2.肚子里有货才爽；

3.即便肚子里面有货，也得有 paper 才行；

4.其实 paper 上的都是屎；

5.paper 不能是别人用过的；

6.就算 paper 是别人用过的，但只要看不出来也可以；

7.没有 paper 的话，如果有钱也能解决问题；

8.实在没 paper，直接拍拍屁股走人是很需要勇气的。

这几条可以说是层层递进，字字珠玑，能在"读博士"和"大便"这两个至少表面看上去相去甚远的事物之间建立联系，本身就充满了意外和惊喜感。而在第 3 点引入了"paper"（论文或手纸）这个双关之后，简直一步一个台阶。这个段子的出处不太可考，但形式颇有当年论坛的遗迹，像是一个帖子被网友一条条回复，一层层"盖楼"盖上去的。

精妙的类比需要深入的洞察和丰富的层次，但进行类比最根本的要求非常简单——在两个事物之间找出一个共同点或者相似之处。就像总能找到一条线把两个点联系起来，我们也总能在两个事物之间找到至少一个共同点，只是有时太浅显或者太牵强。我们日常可以尝试的最基础的类比练习，就是在两个事物之间寻找一个共同点。最基本的格式如下：

A 就像 B——（A 和 B 的共同点 /A 和 B 可以类比的原因）。

例如：

创意就像航班——可以飞，但最终还是要落地。[①]

人生就像嘻哈——很多时候只能 freestyle（自由发挥），心里一点谱都没有。

生活就像一锅粥——你以为熬一熬就会好，但其实只会越来越愁。

一个有趣的现象是，要想达到幽默效果，A 和 B 最好在属性上偏差大一些。A 如果是一个抽象的概念，B 最好就是实体的事物；A 如果学术，B 就应该日常。很多朋友觉得这个练习的难点在于找 A 和 B 之间的共同点，但相信我，最难的一步往往是确定 A 和 B，大多数人放弃这个练习就是卡在了这一步。这也是一个很有趣的现象——你给的范围越宽泛，选择的难度越高；划定一个小但具体的范围，反而可以更聚焦。

为了进一步降低难度，我们把 A 从变量变成一个定量。我

---

① 除特别说明外，本小节中所有例子都出自微博 @史炎 nacl 和 @谐音梗研究所。

最推荐的 A 是"人生",一方面因为人生包罗万象,另一方面人生又是一个很抽象、很模糊的概念,所以很多东西就算不那么像,也总能沾一点边。所以,现在我们的题目变成了:

人生就像 B——(人生和 B 的共同点 / 可以类比的原因)。

很多人现在开始纠结 B 应该选择什么事物,我的建议是,不要纠结,既然是 B,不妨就让它是 B(let it B)[①]。既然是练习,我们不妨随便选取一个事物填入空格。我推荐几个逻辑给大家,并以此刻正在写作的我作为例子:

(1)此刻手边的一件事物(　　　)(眼药水)

(2)最近一次吃 / 最喜欢吃的食物(　　　)(螺蛳粉)

(3)最喜爱的运动(　　　)(足球)

(4)最擅长的乐器(　　　)(钢琴,好吧,只是其他更不擅长)

(5)最近一次消费购买的商品类别(　　　)(电影蓝光碟)

如果你列出了答案,接下来的步骤就是请你在 10 分钟之内把类比写完,不一定要追求精妙,完成比完美更重要。我也给自己计个时,看看把这 5 个类比写出来需要多少时间,好了,计时开始!

(1)人生就像眼药水——让你流泪的永远是那些点点滴滴。

---

① "let it be"之谐音,意为顺其自然,随他去吧。

（2）人生就像螺蛳粉——自己吃和看别人吃永远是不同的滋味。

（3）人生就像足球——每天疲于奔命，但不知道在争个什么球。

（4）人生就像钢琴——哪怕自己按键，也只能发出别人想让你发出的声音。

（5）人生就像电影蓝光碟——你觉得摆架子挺酷，但其实根本没有人看你。

最终用时 10 分 03 秒，我卡在了螺蛳粉上，最终也没有特别好的答案，我在此再次强调，不必追求完全令人满意的答案，完成比完美更重要。如果有更多的时间去思考，肯定会有更好的类比，但完成就已经初步达成了练习效果。

"人生就像"这四个字有点像金句界的味精：用这四个字开头的话不一定有营养，但多少都会显得有那么点味道。英文中"Life is"（人生就像）开头的金句也非常多，其中极为著名的如《阿甘正传》中的经典台词：

Life is like a box of chocolate, you never know what you are going to get.

人生就像一盒巧克力，你永远不知道下一块会是什么味道。

很多人可能会有一个顾虑，就是如果已经有过非常经典的类比，是不是就应该避开，如"人生就像一盒巧克力"应该被封存起来，就像 NBA（美国职业篮球联赛）的一些球队会把殿堂级巨星的球衣高高挂起不再使用。答案显然是否定的，哪怕两个事物相同，联结它们的方式也有无数种。这种情况下如果你能想到其他方式的联结，除了本身的逻辑，还能有一种反转带来的额外惊喜。

我看过一档综艺节目，里面有一个非常有趣的"一句话毁金句"环节，就是前半句用本来的金句，后半句来个反转，这个思路很符合幽默的基本原理。"世上无难事，只要肯放弃""上帝为你关上一扇门，还会为你放出一条狗"都是非常成功的经典翻新。

所以，除了自己主动去找一些东西，我们也可以利用一些现有的类比做改编练习。"人生就像一盒巧克力"就是一个不错的开头，我在这里尝试毁一个：

人生就像一盒巧克力——看上去像屎一样，但仔细品，苦里还是带一点甜的。

另一个可以替代"人生"的概念是"爱情"，神秘而模糊，很难被定义，就像我小时候看的经典古装剧《宰相刘罗锅》片尾曲《故事里的事》所唱的那样，"说是就是，不是也是""说不是就不是，是也不是"。也正因如此，微博上"像极了爱情"几乎成了一个万能结尾句或者评论语。我在微博分享过切特·雷莫在《给仰望者的天文朝圣之旅》中描述他用望远镜观测蟹状星云的感触——"一半靠视觉，一半靠想象"，有网友就在评论区留下了一句"像极了爱情"。但这个我不敢完全苟同，只好真诚地回复了一句："不，爱情全靠想象。"

我也写过一个类比爱情和魔术的段子：

爱情就像魔术——就是你知道，都是假的，你也知道，他是会变的，但你还是想看看，最后他能玩出什么花样来。

事实上，两个事物之间的共同点往往可以找到不止一个，这让类比有了层次更丰富的可能。有时有些共同点的感情色彩是正面的，有些则是负面的，这就给了我们另一种创造落差和意外感的可能性，就是前面引导大家往一种感情色彩上理解，但最后的落脚点放在相反的感情色彩上。东京奥运会期间，我在微博上写了这样一个段子：

"我的工作做得就像中国跳水队队员。"

"难度很高，又完成得很好？"

"不是。"

"那是？"

"把自己搞得团团转，就是没有一点水花。"

这个段子就是一个典型的先往正向引导，再到负面落脚的类比。因为结合了当时的热点，又和打工人的生活现状有关联，所以收获了几万的转发量。

关于类比，进阶的形式和技巧非常多，这一小节仅相当于一个破冰，让大家先对打比方 / 类比有个概念。其他技巧，我会在以后的分享中给出进阶建议。我在这里写下这句话，其实有双重含义：对读者是一个激发兴趣的预告，对自己则是一个鞭策。如果大家读到了这句话，那好消息是，我进阶部分的讲解成功落地了。如果没写出来，我相信前面这段是不会被留下来的。

最后，我还想再次分享关于幽默的我最喜欢的类比之一，是美国文学大师 E.B. 怀特关于幽默的雄文《论幽默》一开篇便提到的：

分析家们尝试过分析幽默，我之前也读过这种解读性的作品，但没觉得有什么收获。幽默可以被解剖，就像青蛙一样，但是在解剖的过程中，幽默也像青蛙一样会死去，它的内脏令所有人沮丧，除了那些纯科学思维的脑子。

简单点说，如果你喜欢幽默，欣赏就好了，享受就好了，笑就好了，不要执着地尝试去解读、去分析，幽默这个东西，分析它的过程会杀死它。这种感觉怎么说呢……

像极了爱情。

"What if" 的妙用

美国科普漫画作家、科普漫画网站 xkcd 的创立者（xkcd 同时也是他的网名和第一部漫画作品的名称）兰道尔·门罗常年在他的网站上回答网友们提出的"稀奇古怪，有时让人有些担忧的"问题，他选取了自己最喜欢的答案和一些问题集结成了一本书——《What if？那些古怪又让人忧心的问题》，一本——用他自己的话来说——对荒诞假设问题给出认真科学解答的书。

作者提供的答案涉及科学论证，篇幅较长（当然完全没有长到更没有无聊到学术论文的程度），有兴趣的朋友可以直接去看原著，应该能获得非常好的阅读体验。而在篇幅有限的情况下，我觉得展示一些我特别喜欢的问题更有意义。爱因斯坦说，提出一个问题往往比解决一个问题更重要。换句话说，问题比答案更重要。问对问题，才能打开有更多可能性的大门，进而找到努力的方向。当看到鸡爪子时，可能有些人会问："为什么这么丑？我应该扔到哪儿？这是干垃圾还是湿垃圾？"

这些问题也值得被回答，但算不上好问题。一个像样的好问题应该是："怎么吃？怎么吃才好吃？"

感谢我们的祖先问出了这样的好问题，问出这个问题需要想象力的丰富和蛋白质的匮乏，二者缺一不可。正因为有了这个问题，才有了美味的红烧鸡爪、豉椒蒸凤爪，以及我刚刚在网上下单的泡椒凤爪。

兰道尔·门罗遇到的网友提出的问题显然更古怪，我在这里摘录几个：

从多高处掉下来的牛排，才能在掉到地上时正好烤熟？

——亚历克斯·莱希

一个人身体的总营养价值（算上卡路里、脂肪、维生素、矿物质）一共是多少？

——贾斯廷·里斯纳

什么时候——如果真的可能的话——互联网的传输带宽能够超过联邦快递（FedEx）的带宽？

——约翰·奥布林克

如果你把一辈子亲吻的力气都省下来，并且都用到一次亲吻上，那么你能产生多大的吸力？

——乔纳森·林德斯特伦

如果在海底最深处——挑战者深渊——挖一个半径 10 米且通向太空的圆形传送门，那么海水会以多快的速度漏出去？海水一点点被抽干了，地球又是怎样一番景象呢？

——特德·M

　　奇怪的问题，奇怪的假设，奇怪的念头。看上去荒诞不经，但事实上，人类文明的很多进步，正是建立在这些奇怪问题的基础之上。一般的人脑子里出现奇怪的念头时，会一笑置之，摇摇头把它赶跑（一个纯粹是心理安慰的动作）。但真正有幽默感的人，会把脑子里突然冒出来的古怪问题记下来，然后尝试去寻找答案。优秀的喜剧人永远会坚持做一件事：

　　提出荒诞的问题，然后认真对待它。

　　当问题足够荒诞时，你越认真，就越好笑。有些朋友可能会觉得自己那些问题和念头都是垃圾，没用，但是相信我，就算是垃圾，也可以废物利用。

　　这时候的一个好问题应该是：这些问题、这些念头从哪里来？答案非常简单，它们就存在于你的脑海里。"脑海"这个词是我非常喜欢的，把大脑比喻成大海，很贴切。我们的想法就是洋流和海浪，而我们脑子里古怪荒谬的念头，我觉得应该比作月球引力引发的潮汐。

　　海水每天都有涨潮退潮，我们每天也会泛起无数个古怪念头（尤其是在晚上），如果你不去注意它们，这些念头会很快退去，不会留下什么东西。但如果你尝试把它们记录下来（当然这只是第一步），就有可能利用它们来产生幽默的素材，就像人类现在可以利用潮汐能发电一样。

潮汐能是绿色清洁的能源之一，不需要额外增加环境负担，同样，如果说其他的创作需要冥思苦想，那么利用潜意识里涌上来的古怪念头来进行幽默创作是非常低碳环保的，就算这个念头最后没有转化成好的素材，你也没什么损失。

许多伟大的文艺作品最深层次的核心"设定"就是一个"What if"的怪念头。《土拨鼠日》的设定就非常简单，"一个人被困在了无限循环的一天该怎么办"。金·凯瑞的经典喜剧电影《大话王》的设定是"一个满嘴跑火车天天说谎话的律师，在一天之内只能说真话怎么办"，有趣的是，在电影中这个设定是通过金·凯瑞饰演角色的儿子在生日许下的愿望（"我希望有那么一天我爸爸能不说谎话"）来实现的。

同样一个"What if"的设定也可以有不同的发展方向，诺兰的《盗梦空间》与日本动画导演今敏的《红辣椒》，都是萌发于"我们能进入并且操控别人的梦境怎么办"这样的设定，但是不妨碍两部作品各自生长为不同形态的伟大作品。

"多元宇宙"是最近几年很火的一个概念，"如果人们可以在平行宇宙间穿梭怎么办"的设定也被用在了很多影视作品中。在2022年大热的电影《瞬息全宇宙》中，杨紫琼饰演的伊芙琳可以感知平行宇宙中自己的不同版本并获取相应能力。2018年的电影《蜘蛛侠：平行宇宙》中，来自6个平行宇宙的蜘蛛侠，包括一个驾驶蜘蛛机甲的二次元萝莉 ① 潘妮·帕克，团结起来一起对抗大反派。2021 年漫威推出的超级英雄剧集，名字就叫 *What if ...*，每一集都是一个脑洞巨大的 "What if"。

如果卡特队长取代了美国队长，美国队长成了钢铁侠该怎么办？

如果黑豹变成了星爵，灭霸成了老实人该怎么办？

如果雷神变成了放荡不羁的派对王子该怎么办？

如果超级英雄成了丧尸该怎么办？

如果奥创集齐了 6 颗无限原石该怎么办？

…………

当然，我们的 "What if" 不需要这么宏大或者为人所共知，每个人都可以有自己的古怪念头，接下来我们不妨来看看常见的 "What if" 古怪疯狂念头模板：

要是……就好了！

假如……会怎么样呢？

真想……！

凭什么……就不能……

等我以后有了钱，我就……

---

① 萝莉：源于长篇小说《洛丽塔》，指 "女孩子" 本身，或指 "穿着萝莉装的女性"。

我在这里根据模板尝试给出几个怪念头：

要是能光吃不胖就好了！

假如我穿越回 20 年前会怎么样呢？

真想冬天可以一直在被窝里啊！

凭什么金城武就不能选择跟我在一起？

等我以后有了钱，我就给交大捐一栋楼，把我的名字刻在楼的外墙上。

这些念头如果按照概率来说，除了最后一个可能性还稍微大一点（真的就是那么一点点），其他几个微乎其微，但至少从量子力学的角度来看，"一切皆有可能"并不是一句空话。如果我们抛开概率大小，以一种认真的态度去探究，可能会得到很多意想不到的惊喜。在"What if"之后我们可以探究的问题有三个大方向：

（1）结果（what）：假如这件事发生了，那会发生什么其他事情？什么会改变？什么会出现？什么会消失？什么会变得合理？

（2）途径（how）：假如这件事发生了，会如何发生？通过什么途径，什么方法？源于什么科学新进展？

（3）目的（why）：假如这件事发生了，会出于什么目的？为什么要这么做？对什么有帮助？对谁有好处？

这三个方向不是完全相互独立的，当然也不是必需的，我们也可以有更多可能的方向。我们依然本着完成比完美更重要的原则，来看看上面的例子有什么可能的延展方向。

要是能光吃不胖就好了！

如果能光吃不胖，肯定是生物科技、纳米科技发达到了一定程度，可以在肠道里装一个调节器，设定每天的营养吸收量，过量就不吸收了。体重和体脂率也可以设定一个值，一直维持。如果真的能够实现，那么应该会有如下变化：

（1）买衣服不会再有过一段时间胖了穿不了的情况。

（2）自助餐会有更严格的时间控制，否则可以一直、无限吃下去。

（3）大家不再以瘦为美，有以任何体重和体形为美的群体。

真想冬天可以一直在被窝里啊！

冬天离开被窝确实是一件非常困难的事情，如果真的能开发一个被窝产品，让我们可以一直待在里面，那肯定是非常舒适的。如果可以在被窝里面完成穿衣、洗漱和如厕，那么就不用忍受掀开被窝那一刹那刺骨的凉意了。

如果可以在通勤时不离开被窝，那甚至可以增加 0.5 ~ 2 小时（以上海为例）的睡眠时间。我们应该要发明的是一张可移动的床，附带机械手，通过移动和各种角度倾斜，帮你在被窝里完成各种穿衣和洗漱的动作。如果9点上班，我们可以在7:30启动被窝的通勤选项，床会自动升起一个透明罩，然后通过自己的车轮运行到地铁站，地铁有像抽屉一样专门为被窝留的车厢，可以即插即走，到站下车，然后自动运行到公司，被闹钟叫醒后换衣服洗漱，神采奕奕地出现在公司。

"What if"在喜剧方面的应用非常广泛，在情景喜剧、小品、漫才、脱口秀，甚至相声中，都能看到"What if"的身影。2016年，搜狐视频独家引进国际艾美奖 *What If* 原版版权，大鹏工作室改编再创的《若是如此》就把"What if"概念用到了极致，推荐大家去看看，前两集非常经典（而第3集开始就需要会员了），可以帮助大家快速理解"What if"的使用方法。

如果自己暂时想不出来一些"What if"，也可以用现有的"What if"来做练习，我们可以任选一个前提，然后列出3～5个这个前提之下的变化。例如：

假如这个世界被猫统治了，会怎么样呢？

（1）猫在下班之后，会去有人的咖啡店撸人放松。
（2）会有一首歌叫《我们一起学人叫》。
（3）_____
（4）_____

之前我给很多接受培训的同学做过这个练习，大家的答案都天马行空，非常有想象力，但是让我印象最深的是有一次一个同学说："你们怎么确定现在世界不是已经被猫统治了呢？"

再比如：

假如世界上没有数字，会怎么样呢？

（1）时间可能要靠颜色来标识，表是一个渐变色的圆盘。

（2）每个人的手机号码不再是数字，而是一段旋律，拨号需要唱出来。

（3）_____

（4）_____

有趣的是，比起去设想"假如有什么"，"假如没有什么"可能是更容易去设想的，因为"假如有什么"需要我们创造性地提出一个新东西，而"假如没有什么"只需要我们把世界上已经存在的东西删除就可以了。

当然，无缘无故让一个事物消失似乎没有什么道理，为了激发创造力，创作者有时会给自己的"What if"加码。美剧《新阴阳魔界》第 1 季第 1 集《喜剧演员》讲述了一个和消失有关的设定。萨米尔是一个蹩脚的单口喜剧演员，在一次观众毫无反应的表演之后，他在后台遇到了"魔鬼"——喜剧大神惠勒，萨米尔说为了能被指点获得进步，他愿意付出任何东西（一般说出这种话就要出事情了），惠勒说了一段颇有深意的话：

把你自己的东西交出去，你就会收获观众的笑声……你必须确定、一定以及肯定，因为一旦你把一样东西交出去，观众就会接收到，他们会产生共鸣，而一旦他们产生共鸣，这个东西就是他们的了，一旦成为他们的，你就永远失去了这个东西。

简单来说，这个和"魔鬼"的交易就是：

假如把一个事物／人写成段子，段子会引发哄堂大笑，但你要付出的代价是这个事物／人会永远消失。那么你会让什么消失？

在剧中，萨米尔先是讲了一个关于自己家狗的段子，效果出奇地好，他非常开心地回到家，问女友狗在哪儿，结果女友很疑惑地看着他说："我们从来没有养过狗或者猫。"后来他又带着女友的外甥去看脱口秀，讲了关于自己外甥的段子，结果外甥不见了。他意识到自己有这样的能力之后，开始在笔记本上写下一些坏人的名字（此处像极了《死亡笔记》的设定），然后讲这些人的段子，收获笑声和流量的同时还能"除恶扬善"。后来他越来越红，开始有点丧心病狂。有一天表演时，有两个观众调侃了他几句，他问了那两个人的名字，然后把那两个人当场讲没了。他之前结下梁子的熟人来看演出，他讲了段子，熟人也消失了。他怀疑律师女友和自己的导师有染，然后就写了关于导师的段子，导师确实消失了，但因为导师不存在了，自己女友的职业也从律师变成了餐厅的服务生……

整个故事带有很强的隐喻性，每个人可能都有不同的理解，我的理解是，观众的"笑声"代表"流量"，在互联网时代，想要获得流量，赚取关注度，就必须献祭自己的一部分隐私，生活、亲人、朋友，甚至改变他们的命运。故事的最后，主人公萨米尔讲了关于自己的段子，结果自己消失了，舞台上只留下了一支孤零零的麦克风。这就是一个互联网时代的寓言：一个人为了流量，疯狂牺牲自己生活中的事物，最终被流量反噬，彻底丢失了自我。

和魔鬼交易在创作中非常常见，可能人们感觉上帝是慈善家，而只有魔鬼能一起做生意。

电影制作人、小说家川村元气给出过一个堪称极限操作的交易设定：你身患绝症时日无多，一个魔鬼提出跟你交易：假如让一样东西从世界上消失，你就能多活一天，那么你会让什么消失？

川村元气笔下的主人公选择的前三件事物是电话、电影、时钟，而最后一样他考虑消失的是猫，于是便有了基于这个"What if"设定的小说《如果世上不再有猫》。这个设定非常有趣，因为事实上它有两个层次：一个是如果能挽回生命，你想要哪些事物消失；另一个是每一件事物消失了之后，会发生什么。我们不妨也沿着这个设定想一想，你会让什么消失（如贷款或者加班），然后再去想一想，如果这些东西消失了，会发生什么。我会在本小节后面附上一个练习。

稍微剧透一点，在故事的最后，主人公并没有让猫消失，否则可能这本书不会收到这么好的评价，甚至都不一定能出版，毕竟，谁知道这个世界不是正在被猫统治着呢？

喵——

假如让一样东西从世界上消失，你就能多活一天，那么你会让哪三样东西消失？

A.＿＿＿＿＿

B.＿＿＿＿＿

C.＿＿＿＿＿

它们消失之后分别会发生什么？

假如 A＿＿＿＿＿消失了，会发生的事情有：

（1）

（2）

（3）

假如 B＿＿＿＿＿消失了，会发生的事情有：

（1）

（2）

（3）

假如 C＿＿＿＿＿消失了，会发生的事情有：

（1）

（2）

（3）

香蕉要吃几分熟

　　2018 年，一位博主在社交平台上分享了一张图片，图片上是一圈熟度不同的香蕉，从最青涩到最成熟，用 1 ~ 15 号来代表。博主发起了一个活动，让网友们从 15 根香蕉中选出他们心目中最好吃的"完美香蕉"。为了不让其他人的结果影响你的选择，我先不说其他人的选择，你可以在本页的空白处写下你选择的香蕉对应的数字，并签上你的名字，这样你就拥有了这世界上独一无二的一本书。

　　我的选择：＿＿＿＿＿＿

选择人：＿＿＿＿＿＿

我可以公布一下我的选择：6 号香蕉。熟了，但没完全熟，没有那种特别涩的口感，但是保留了一点嚼劲，不至于入口即化，保证了一个比较好的平衡。当然，香蕉熟度的偏好本身就是一件非常个人的事情，我相信选择其他熟度的朋友，一定也有自己的理由，或者直觉，毕竟在食物领域，有时做判断的是你的胃，而不是大脑。

网友的选择因人而异，大多数选择落在了 8 ～ 10 号——全熟，但还没有熟透，表皮没有太多黑色的部分，里面也没有透明软化（我不知道专业术语，但我猜大家知道我的意思）的部分。也有一些会选择更熟的 11 ～ 12 号，或者相对生一点的 6 ～ 7 号，甚至还会有人选择 1 ～ 2 号的青涩香蕉。但几乎没有人会选择 14 ～ 15 号这种熟透的，甚至开始烂掉的香蕉。

之前在做脱口秀新人培训时（请原谅我突然话锋一转，我在后面几段会给大家交代），有很多新人演员写了一些新段子，第 1 ～ 2 遍上台讲，效果是不错的，虽然能看出来还很青涩，但是你会觉得有一股冲劲；讲了 8 ～ 10 遍时，段子比较成熟了，听起来很舒服；但讲了 20 ～ 30 遍之后，会变得过于熟练，每一个字的节奏都拿捏得死死的，显得油腻、僵化，甚至有一种腐烂的气息，让人略有一点恶心，我会感觉还不如讲到 8 ～ 10 遍时的状态，甚至有的还不如最开始的表达状态。

之前我只是隐隐约约意识到，段子太过熟不一定是好事，直到我看到了这个香蕉熟度测试，醍醐灌顶。讲了 1 ～ 2 遍的段子有点像青涩的 1 ～ 2 号香蕉，虽然口感生涩，但还是有嚼头的，会有一些人喜欢这种生涩感——很多即兴演讲的魅力就在于此，虽然略显生涩，但有劲头，而且新段子通过练习，还能继续成熟，有成长空间。但如果熟过了，就会产生一种"腐败感"，而且可能会越练越烂，从熟透了变成烂透了。就像牛排，大多数人会选择5分熟或者7分熟，但也有人会选择1分熟，或者全熟，但没有人会选择过分熟——煳掉的牛排，而且继续加工，只会越来越煳。

一个优秀的脱口秀演员，会控制自己表演的成熟度（从另一个角度来看就是腐败度），尽量让自己的表演展现出8～10号的成熟度。控制成熟度很重要的一个技能，就是要避免表达节奏的僵化，要时刻意识到表达对象和表达者是一个整体，哪怕这个内容你已经排练过很多遍，或者说过很多遍，但遇到新的观众、新的表达对象，还是要以开放的状态去面对。"排练时这个节奏舒服，所以正式场合也要用这个节奏。""上次用这个节奏成功了，所以之后也要用这个节奏。"这都是表达层面的刻舟求剑，不可取。节奏上的僵化点就像香蕉皮上的黑点，稍微有一些不影响，但如果连成一大片，就不好了。

所以，我们在表达时制定节奏点，不应该是以"我"为主的固定时间，如一定要哪里快哪里慢，一定要在哪里停顿，一定要停零点几秒，等等。而应该根据观众的反应来制定节奏点，如等观众笑得差不多了再开始，看到台下有至少一个人点头再说下一句，遇到观众注意力没有完全集中或者节奏有点掉线时，可以用一些小的语气词甚至是表情，把节奏重新带回正轨。

在讲段子时，很多脱口秀演员和演讲者经常会有一些"主动笑场"，讲着讲着自己突然笑起来了，这种笑场就是用来调节节奏的。讲着段子突然笑场，就打破了原来的表达节奏，就像吃着菜突然咬到了一粒花椒，观众的注意力反而会一下子被抓住。

如果大家去看罗永浩老师的演讲，你会发现除了主动笑场，他还有一个非常标志性的叹气动作，经常出现在一些体现情绪和情怀的句子之前。这个叹气动作在文本上很难体现出来，但在调节节奏方面，功能性极强。在 Smartisan T1 的发布会开头，罗永浩老师有一次非常典型的叹气：

说实话，刚才你们的反应让我感到有一点……（叹气）你知道我等了两年就等今天晚上……

你可以认为这个叹气有情绪转化的功能，但更重要的是制造节奏上的变化，从而更好地抓住观众的注意力。

观众的反应在提升表达新鲜感方面非常重要，因为哪怕你的表达内容是一样的，但观众的反应每场都是全新的，所以，一个好的表达者，在制定他的表达节奏和内容时，会懂得给观众留出反应的时间，或者至少留出反应的机会。这里有一个比较微妙的小技巧，很多表达者在讲了一个段子或者一句比较重要的话之后，预期观众可能会有反应，但不是很缺，会紧接着用一个类似"嗯……"的语气词来衔接。这个"嗯"有双重功能：如果观众给出了笑和鼓掌的反应，那么刚才的"嗯"就成了一个表达等待的语气词，意思是等观众反应结束再继续说；如果观众没有给出预期的反应，那么这个"嗯"就是一个单纯的表达思考和整理思路的语气词，也非常合理。这个语气词给节奏的新鲜感留出了很大的空间。

除了节奏，内容本身的成熟度也是可以控制的。如果你不知道该如何控制自己内容的成熟度，那我教大家一个很简单粗暴的办法，就是只准备你被要求的时长的 80% 的表达内容。如果你被要求做一段 10 分钟的分享，那么你只准备 8 分钟的内容，留出 2 分钟，其中 1 分钟即兴抓一些现场的哏，和观众建立连接，另外 1 分钟，留给观众做反应。

当然，确实有相当一部分人宁可练得滚瓜烂熟，让自己的内容腐烂度偏高，也不愿意给现场的即兴留任何空间，他们给出的理由很简单：安全第一。但坦白说，"一成不变""不犯错"从来都不是安全的同义词。我们跳出表达，先聊聊生命，生命的进化靠的不是不变，而是一个又一个的"突变"，物竞天择，适者生存，正因为有了一个又一个的"突变"，才能在环境变化时，成功存活下去。表达也一样，一成不变，就没有变得更好的机会，保留新鲜感不是在制造危险，是在制造机会，而"拥有机会"才是终极的"安全"，正如执导过获奥斯卡金像奖最佳影片奖的《毕业生》的著名导演迈克·尼克尔斯所说："冒险是唯一安全的事情。"

好的表达不应该是交响乐，而是爵士乐。当你站到台上时，心里当然是有谱的，但也要给即兴留一些空间。至于怕犯错这件事，不妨听听历史上最伟大的爵士乐大师之一迈尔斯·戴维斯是怎么说的：

　　不要害怕犯错误，没有什么是绝对错误的。

永远看到生活的光明面

Always look on the light side of life
If life seems jolly rotten
There's something you've forgotten
And that's to laugh and smile and dance and sing
When you're feeling in the dumps
Don't be silly chumps
Just purse your lips and whistle
That's the thing

—*Always Look on the Bright Side of Life* Monty Python

永远看到生活的光明面
如果生活看起来糟糕
一定是有些事被你忘掉——
如开怀大笑，会心微笑，跳舞，唱歌
当你觉得一团糟时
别像个大傻帽
把嘴噘起来，吹个口哨，哎，就是这么着
——《永远看到生活的光明面》巨蟒剧团

巨蟒剧团是英国极具盛名的六人喜剧团体，被誉为"喜剧界的披头士"。《永远看到生活的光明面》这首歌由其成员埃里克·艾多尔填词编曲，出自他们1979年的喜剧电影《万世魔星》。这是一部极尽调侃和解构之能事的喜剧，讲述了一个男人被错认为是弥赛亚（耶稣）之后发生的一系列荒诞故事。巨蟒剧团对当代喜剧的影响是巨大的，他们以一种后现代主义的方式解构一切事物。从一定程度上说，巨蟒剧团甚至塑造了现代喜剧。近些年来，大家非常喜欢的《南方公园》《瑞克和莫蒂》《死侍》等都受到了巨蟒剧团的影响。

　　巨蟒剧团的遗产甚至不局限于喜剧界。1989年圣诞节期间，一个荷兰年轻人吉多·范·罗苏姆为了打发圣诞假期的无聊，决心开发一种新的编程语言。作为巨蟒剧团创作的喜剧剧集《巨蟒剧团之飞翔的马戏团》的忠实粉丝，吉多·范·罗苏姆决定把自己开发的这套编程语言命名为"Python"。

　　《永远看到生活的光明面》本身是一部非常优秀的音乐作品，它的题目更是道出了幽默精神的重要组成部分——永远看到生活的光明面。"不如意事常八九"，人生不如意是常态，既然如此，如何从不如意中找出光明面就非常重要了。

　　大家经常听到的一个探讨乐观和悲观主义的例子是关于"你面前有半杯水"的——乐观的人会觉得还有半杯，悲观的人会觉得只剩半杯。这个例子显然比较理想主义，甚至有一点童话色彩。真正的生活中，如果有半杯水，不管是悲观还是乐观主义者，都应该偷着乐了——不需要去找光明面，你简直生活在光明中。我们在生活中要面对的，是更为糟糕的情况。比如，你只有一个空杯子，或者这个杯子甚至已经碎掉了。也就是说，我们要解答的是下列问题：

你面前有一个空杯子，乐观地看，你会觉得＿＿＿＿＿＿＿
你面前的空杯子打碎了，乐观地看，你会觉得＿＿＿＿＿＿

我的答案是：

我面前有一个空杯子，乐观地看，我会觉得太好了，我可以直接倒可乐了！

我面前的空杯子打碎了，乐观地看，我会觉得还好里面没有水！

不管是半杯水、空杯子，还是碎杯子，其实底层都是一样的问题：当结果已经确定，无法挽回时，我们应该如何面对？如何去寻找光明面？会有不少苦中作乐，当然也有一些因祸得福。需要明确的是，幽默并不强迫大家从痛苦中"走出来"，我们只需要"看"到光明面，不需要"创造"出光明面。努力是以后要去考虑的事情，在刚刚跌入谷底时，要坚信，只要躺平，就能看到光明。

我们无法预知大家要面对的悲剧、烦心事和意外是什么，可能是和另一半分手，可能是堵车错过了航班，可能是心心念念的音乐节不幸取消，也可能是穿着新买的白衣服吃火锅结果溅上了油……但不管大小，我们总能从下面这几个角度来帮自己或者他人寻求一些心理安慰。虽然可能起不到什么实质性的作用，但谁说精神胜利不是胜利呢。

（1）虽然事情很糟糕，但至少没有更糟糕。

无论发生多么糟糕的事情，我们总有一句话能劝慰自己或者他人——没准儿其实可能会更糟糕呢。如果真的糟到不可能再糟了，那也是好事，因为无论再发生什么，都只会往好的方向发展，不会比现在更差了。这里推荐一个奇妙的词——至少。

> 我今年年终奖没了。
> ——至少你还有工作啊。
> 我嗓子好哑。
> ——至少你还能说出话来，我只能打字了。
> 我体彩赔了好多钱。
> ——至少没有基金亏得多啊。

"至少"一出，虽然不见得真能安慰到他人，但至少，我们努力了。

（2）虽然事情很糟糕，但不止我一个人这么糟（甚至还有人更糟）。

没有对比就没有伤害，但有时候，对比也可以带来安慰。很多时候我们会觉得心里不平衡，觉得"命运为什么要这么对我?!"，但其实命运对所有人一视同仁，你没什么特别的。觉得命运单独对你进行精准打击，未免太把自己当回事了。这时我们常用的句式是：

没关系，×× 也……/ 这不算什么，×× 更……

例如：

2022 年世界杯中国男足没有进决赛圈，但没关系，意大利男足也没进。

我买的公司股票跌了很多，但这不算什么，我老板跌得更多。

当然，第一个例句中，中国球迷可以这样自我安慰，但是意大利队的球迷显然没法用中国队没进世界杯来安慰自己。其实很多时候也不一定要跟别人比，跟自己比也是可以的。

2022 年世界杯意大利队没有进决赛圈，但没关系，2018 年他们也没进。

怎么样，是不是感觉好（更）一（难）点（过）了。

（3）虽然事情很糟糕，但"副产品"棒极了。

化学反应会有主产品和副产品，如果糟糕的事情是"主产品"，那么它也会带来"副产品"。所以，当糟糕的事情发生时，不妨想想，与此同时还有什么其他事情发生，可能会有意想不到的光明面。

比如说，如果"和另一半分手"是"主产品"，那"副产品"或许有失眠、伤心、流泪、吃不下饭……等一下，吃不下饭？这可能就是一个光明面——太好了！终于能减肥了。再比如，如果你在公司干了一件特别糗的事情，那"副产品"也可能是好的——至少现在全公司的人都记住你了。

（4）虽然事情对个体很糟糕，但从全局来看是好的。

糟糕更多的是一种个人的主观判断，我们如果以一种更全局、更客观的视角来看问题，可能就能找到光明面了。对中国男足来说，没有闯入世界杯是一件正常……对不起……糟糕的事情，但从客观上说，提升了这届世界杯整体的观赏性，对全世界球迷来说，不失为一件好事。

我们只要把眼界放得足够宽，总能找到光明面。哪怕是人类毁灭了，对整个地球的生态系统来说，可能反而是一件好事。甚至我们再往大了去看，从空间的角度，我们实在是微不足道；从时间的角度，我们终究难逃一死。终极的"光明面"并不是一切都会好起来，而是这一切的一切都无关紧要。正如埃里克·艾多尔在歌词里写的那样：

你知道，你从空无一物中来
你也将回到空无一物中去
你会失去什么
什么都不会失去

第三章 聊聊喜剧 ————————

当你对无法改变之事改变看法之时，喜剧就萌芽了。

一个人要像一支队伍

孤独的艺术

很少有一种艺术形式能像单口喜剧这么孤独——一个人、一支麦克风，在舞台上面对成百上千的观众讲段子。当然，这是在运气足够好的情况下，很多新人演员面对的情况往往会更残酷——要么没有观众，要么没有段子，在极端情况下，甚至可能没有麦克风。

正如喜剧演员宋飞所说，在人类最恐惧的事情中，死亡只能排第二，排第一的是当众演讲。出于某些不明确的原因，在公众面前表达的恐惧感根植于智人的基因，而那种站在人群对面的孤独感，可能在这恐惧的形成中扮演了非常重要（但并不光彩）的角色。

这种孤独感首先体现在视觉上，在剧场中进行的各项艺术实践中，我们见证了艺术家是如何尝试使用各种人和事物把舞台填满，从而战胜致命的孤独感的。我们会在戏剧舞台上看到几十个、上百个演员在舞美、服装和灯光的共同掩护下，从孤独的包围圈中突围。即便是在革命性的《等待戈多》里，塞缪尔·贝克特也安排了两个人抱团取暖。而在这方面，音乐人显然有天然优势——乐器的存在极大地提升了单兵作战能力。但即便如此，交响乐团还是曾经的标配，摇滚乐队虽然没有那么多人的编制，也依然有主唱、吉他手、鼓手、键盘手等，在外行人看来，这样一个团队里的某些成员（如贝斯手）在对抗孤独感方面做出的贡献，甚至超过了音乐方面。

在孤独的问题上，喜剧似乎有着不同的处理思维——既然无法战胜，不如主动拥抱。事实上，这种处理方式是一种基础的喜剧哲学：当你无法改变事实时，你能做的，是改变你看待这件事的方式。当你对无法改变之事改变看法之时，喜剧就萌芽了。

从功利的角度来说，"孤独感"对喜剧演员是有利的，它赋予喜剧演员脆弱和不协调的同时，也给了观众优越感和想象空间。东方的喜剧，在人数控制方面是成功的先行者。中国的对口相声、日本的漫才，都把舞台表演的人数控制到了"2"，而单口相声、评书和落语，则成功下探到了"1"。

单口喜剧勇敢地拥抱了数字"1"，尝试奉行一种戏剧极简主义，并将其推向了极致。英国戏剧大师彼得·布鲁克在《空的空间》中给戏剧下过一个让我觉得醍醐灌顶的绝佳定义："我可以选取任何一个空间，称它为空的舞台。一个人在别人的注视下走过这个空间，这就足以构成一幕戏剧了。"单口喜剧完美地完成了这个极致的设定，仅仅将动词从"走"改成了"说"。

单口喜剧演员通过特别的方式与孤独共处，并实现丰富的剧场效果。而这个特别方式的核心，是"多重身份"——单口喜剧演员虽然是一个人在舞台上，但并不是"一个人"在战斗。

戏剧维度的多重身份

最容易理解的"多重身份"，来自戏剧表演维度。如果传统的"表演"更多的是指"扮演角色"，那么单口喜剧中的"表演"是一种更加广义的表演，和观众互动、叙述故事、旁白，或是模仿一个动作、表情、口音，都是表演的一部分。在表演维度上，单口喜剧演员在舞台上有三重身份，从表演的"戏剧化"由浅到深，这三重身份排列如下：

（1）以本人的身份作为叙述者出现在舞台上；

（2）扮演情节中的自己；

（3）扮演情节中出现的其他角色。

第一重叙述者的身份似乎显而易见，也非常容易驾驭，但却是很多初学者做得最不好的，甚至很多受过一定表演训练的人也很难做到——他们习惯于在舞台上永远带着角色，在舞台上作为本人出现反而是反常规的事情。而单口喜剧演员在站上台的那一刻，是需要以表演者本人的身份出现的，不能一上来就进入角色，在表演（甚至在这里更恰当的措辞或许是表达，而不是表演）状态上应该最生活化。如果参考其他的艺术形式，那么这个身份应该更接近纪录片，它的表达状态应该更像是演讲，甚至是聊天，而不是戏剧。演员在以叙述者的身份出现在舞台上时，应该打破"第四面墙"，保持高度的自觉，甚至应该以本人的身份和观众进行互动，对现场的各种元素和突发事件进行反应。

第二重身份是扮演情节中的自己，从某种意义上说，这甚至比扮演别人更难把握。单口喜剧中很多段子涉及的情节是自己过去的经历，或者是想象中的场景，所以扮演回忆中的"自己"，或者某种状态下的"自己"，是单口喜剧演员的必修课。相较之下，在东方的传统单人表演形式，如评书和落语中，艺人绝大多数情况下作为叙述者出现和扮演其他角色，扮演自己的比例微乎其微。在第二重身份之下，单口喜剧演员既不能延续叙述者的状态，也不能像扮演其他角色一样完全"无我"地进入角色。此时的表演状态，需要较为克制地戏剧化。如果参考其他的艺术形式，此时的表演状态应该比较接近情景喜剧，一个比较好的参照是路易·C.K. 在自己的剧集《路易不容易》中扮演自己的状态。

第三重身份在其他的表演艺术形式中是非常常规的，但因为缺少舞美服化的加持（同时也挣脱了舞美服化的枷锁），单口喜剧演员扮演其他角色的表演状态注定不能"写实"，只能"写意"，对人物的刻画更接近滑稽漫画。此时的表演需要高度戏剧化的处理——为了表演得像一个人，你必须比那个人还像那个人，别人才会觉得你像那个人。在实践中，单口喜剧演员往往要找到另一个人在声音、动作、表情上的特点，将其放大，形成一种"失真的真实"。

优秀的单口喜剧演员会通过不同的表演方式和戏剧化程度对三重身份进行区分，但同时在其中游刃有余地切换。好的喜剧演员应该像一个好司机,让观众感受不到角色"换挡"时的"顿挫感"。不过,如果你在一个优秀的单口喜剧演员的表演中仍旧感受到了顿挫感,那往往是演员有意为之。

心理维度的多重身份

在表演维度之外,另一个多重身份的维度来源于心理学。矛盾冲突是喜剧的重要出发点,在大多数喜剧实践中,矛盾冲突的构建主要是通过角色与角色之间的相互作用。但事实上,这并不是唯一的矛盾冲突的构建方式,甚至并不是最本质的来源。矛盾冲突更多不是外生的,而是内生的,它们存在于一个人的欲望和能力之间、期待和局限之间、要追求的梦想和要面对的现实之间。

在许多喜剧实践中,这些内生的矛盾冲突可能像一些手机程序一样留在后台运行,而在单口喜剧中,它们被明确地展示在了台前。这里我们借用弗洛伊德提出的"本我""自我"和"超我"的概念,来展现这三个不同身份是如何相互作用,产生矛盾冲突的。

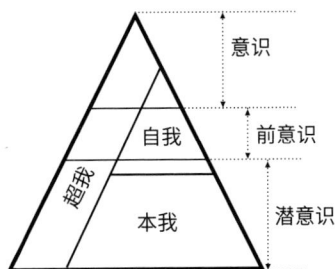

简单来说，在单口喜剧中，这三个身份都围绕"行为"产生相互作用，"本我"代表欲望和需求，是行为的驱动者；"超我"代表道德和价值观，是行动的审查者；"自我"则是"本我"和"超我"之间的调解者，也是行为的执行者。在单口喜剧中，我们往往可以看到演员陈述自己以"自我"身份做的行为，之后开始挖掘自己行为背后的"本我"，分析自己行为背后的欲望，又以"超我"的身份来审视自己的行为。

这种三个身份的相互作用不仅体现在表演的内容中，而且体现在演出本身的设计上。例如，许多单口喜剧演员会使用的一种表演技巧是在表演中插入"刻意口误"，正常表演的是"自我"，口误的是"本我"，而对口误进行解释和评判则是"超我"的工作。通过这种方式，单口喜剧演员以一己之力，在孤独中实现了表演的丰富层次。

我曾经读到英国喜剧大师约翰·克里斯说的一段话：

When I started, I used to think that comedy was watching someone do something silly. We later came to realize that comedy was watching someone watch someone do something silly.

当我开始做喜剧时，我以为喜剧是看着一个人做傻事。后来我们开始意识到，喜剧是看着一个人看一个人做傻事。

一开始，我认为单口喜剧是很难被这一理论解释的，但现在我认为单口喜剧也是可以被这句话解释的——观众并不是在看演员在舞台上做傻事，而是在看着演员的"超我"看演员的"自我"做傻事。

喜剧中的"进攻"和"防守"

熟悉竞技体育，尤其是篮球的朋友们可能听说过同一句话的几个不同版本：

赢球靠进攻，夺冠靠防守；
进攻赢得比赛，防守赢得冠军。

在写这一小节之前，我专门花了 30 分钟搜索这句话的出处，试图用一个标准的引用营造出一种严谨和博学的假象，但最终得出的结论是这句流传甚广的话，出处已不可考。这也意味着我不得不略带遗憾地坦白，我是小时候在看一场 NBA 比赛转播时，从张卫平张指导的嘴里第一次听到这句话的。这很合理。因为小时候在身高上劣势明显，我一直很少参与篮球这项运动，也了解不多（这句话删掉"小时候"三个字依然成立，但在简洁性和虚荣心之间，我选择了后者），但"赢球靠进攻，夺冠靠防守"所蕴含的哲理惠我良多，不管是在个人成长还是喜剧实践方面。

事实上，表演艺术和竞技体育有很多可以类比的地方，比较突出的一点就是：外行看热闹。我在这里刻意放弃了和这句经常对仗出现的"内行看门道"，因为更真实的情况不是内行看门道，而是内行互相看不起。所以，在体育粉丝（包括伪粉丝）群体中更经常被谈论的是华丽的进攻、劲爆的扣篮、激动人心的绝杀。即便是看球频率低至一年一次甚至四年一次，对比赛规则和球员特点知之甚少的非体育爱好者，进球得分也总能调动起他们的发声器官，让他们释放出最嘹亮的喝彩。在表演艺术，尤其是喜剧方面同样如此，普通观众对喜剧演员的最高评价是"好笑""炸场"，因为抖包袱就像体育比赛中的进球得分，是比较容易被感知的。

相较于进攻，竞技体育如篮球中的防守，则不那么经常被观众认知和讨论。当谈到迈克尔·乔丹时，绝大多数观众更津津乐道的是他进攻端近乎无解的天赋，在大家脑中不断循环播放的一定是扣篮和绝杀的慢动作画面。在 5 次常规赛 MVP（最有价值球员）、6 届 NBA 总冠军、6 次总决赛 MVP 这些荣誉之后，人们最大的记忆点是 10 次常规赛得分王。但乔丹在防守端的伟大则很大程度地被忽视了：9 次入选最佳防守阵容第一阵容，3 次抢断王，1 次最佳防守球员。这足以让乔丹成为 NBA 历史上最伟大的防守球员之一。

虽然在观赏性上略逊一筹，但在重要性上，防守至少是不输于进攻的。篮球中的马刺队和足球中的意大利队，都是靠着强大的防守能力获得了最高荣誉。即便是一些以进攻见长的球队，在回顾他们夺冠的历程时，也都可以看到防守在其中起到的关键作用，尤其是在球队进攻状态不好时。那么在喜剧里面，有没有可以和竞技体育中的防守能力建立类比关系的能力呢？

答案是肯定的——否则这一小节内容不会存在，或者标题会改为"喜剧中的进攻"。当我们尝试进行一个相对系统的类比时，喜剧中的"进攻"和"防守"能力可以类比如下：

进攻能力：制造笑点或者抖包袱的能力。

防守能力：在没有笑点时依然能抓住或者重新获得观众注意力的能力。

如果我们进行更细节的拆解，那么铺垫可以类比为运球、传球、组织进攻，抖包袱可以类比为投篮，包袱响了就是投球入筐了，包袱没响就是"打铁"了。抖包袱的手段就相当于投篮手段，有些演员手段很多，就像有些球员扣篮、中投、投三分球都擅长，也有一些演员"一招鲜吃遍天"，就像有些演员长于反转或者模仿。

这一系列的类比中有一个核心的概念，就是篮球比赛中的"球"应该对应喜剧中的什么，这里我认为较为贴切的类比应该是观众的"注意力"，更确切地说，是"逻辑注意力"，如果说得再明确一点，我觉得是观众"保持思考的注意力"。喜剧界有一句名言："在接触到观众之前，喜剧是不存在的。"确切地说，喜剧需要的不是观众，而是观众的逻辑注意力，如果一场喜剧表演没有观众的逻辑注意力，就像一场篮球比赛没有球一样。敏感的读者或许可以察觉到，这里应该存在一个"那还比个球"的谐音哏，但我在这里选择了最大限度的克制。

在读者决定扔掉本书之前，我们赶紧回到主线上。喜剧中的防守能力的提升，自然包含了语言节奏等很多方面，但最重要的是，一个喜剧演员在表达的过程中，要提升逻辑层面的吸引力，或者至少可以保持逻辑自洽。喜剧中的防守应该是一种广义的防守，它事实上应该是获取和保持"控球权"的能力。如果喜剧演员在表达时出现了逻辑漏洞，那么其实在抖包袱之前，就已经失去了对观众逻辑注意力的掌控，就像一个人在投篮之前，他就已经失去了对球的控制。如果你不能理解这个状况的尴尬程度，那么你可以想象一个人在篮球比赛的过程中不断地进行空气投篮的场景，哪怕动作再飘逸、再花哨，也一定没有球入筐。

许多喜剧大师其实是防守大师，只是进攻太过耀眼，防守能力往往被进攻的光芒掩盖了。在喜剧的防守能力方面，我心中有两座高峰——美国的单口喜剧大师乔治·卡林和中国的相声大师马三立。和很多单口喜剧的巨擘相比，乔治·卡林的笑点并没有那么密集（但依然是大师级的水平），但他通过缜密的逻辑和美妙的语言节奏，依然彻底抓住了观众的注意力，我们在乔治·卡林的专场《你们都有病》《这对你不好》中都可以看到神级的防守表现。防守能力也不单是单口喜剧所独有的，事实上，东方的喜剧形式更注重防守，如果大家听过马三立先生的经典小段《逗你玩》，就应该能理解我所说的"防守"是什么。在前两分钟没有笑点的铺垫中，马三立先生依然通过独特的表达节奏牢牢抓住了观众的注意力。而事实上，在防守方面，《逗你玩》也并不是巅峰之作，马三立先生的防守能力在 1985 年那场并不成功的春晚上得到了更强的体现，一个人面对北京工人体育场的成千上万名观众，在场子很冷的情况下依然达成了高完成度的表演。

绝大多数演员，尤其是新演员会花费大量时间和精力去钻研和提升自己的进攻能力，在职业生涯的初期，涉及单个段子或者几个松散段子时，就像投篮或者打野球一样，进攻可以解决问题。但当一个演员成长到一定阶段，比如要自己做专场时，防守能力就显得尤为重要了。本小节开头提到"赢球靠进攻，夺冠靠防守"，我觉得在喜剧语境之下应该说：讲好段子靠进攻，做好专场靠防守。

一个优秀的喜剧演员或许可以依靠（甚至在一定程度上依靠）纯粹的抖包袱赢得观众的注意力，从而获得舞台上的安全感和"控球权"，但一个伟大的喜剧演员需要学会的不只是依靠抖包袱来赢得观众，他需要学会用其他方式获取在舞台上的安全感和"控球权"。他需要做到另一个层面的"一个人要像一支队伍"，在自己体内打造出一个防守悍将，从而让自己的进攻身份获得解放。

敏感的读者读到这里或许可以察觉到，写到这里，这一小节应该要结尾了。我想用一句我认为有收尾力度的句子来结束这一小节，虽然概率不高，但为了方便这句话被单独拍摄并发布在社交媒体上，我会多空几行，并给出中英文双语对照：

优秀靠进攻，伟大靠防守。

Offense makes excellence.

Defense makes greatness.

段子创作的长尾效应

关于创作,剧作家迪翁·布希高勒说过一句话:

Plays aren't written, they're rewritten.
戏剧不是写出来的,是改写出来的。

相比之下,类似的意思,海明威的表达更加直抵人心:

The first draft of anything is shit.
任何文章的初稿都是狗屎。

对单口喜剧演员来说,在开放麦现场听你讲新段子的观众都是
敢于尝试的勇者——听到的段子可能不好笑,但至少赶上热的了。

作为一个修改狂人 ①,海明威的话也并非有意刻薄,只是懒

---

① 几经修改之后,笔者从"达人""大师"和"狂人"三个词中最终选择了
"狂人"。

得在这样一个基本事实上浪费幽默感去掩饰他的洞察力。对许多创作领域的初学者来说，一个必须明确的概念就是"创作≠初始文本创作"。在这点上，喜剧创作者可能更有发言权，几乎所有的单口喜剧演员都认同，将创作的文本拿到开放麦或者演出中打磨和修改，这本身就是创作的一部分。我们如果放下喜剧创作者的羞耻心，尝试把一个段子的第一稿和终稿进行比对（感谢当代信息技术，现在这个工作可以使用办公软件轻松完成），可能会发现，修改在整个创作中所占的比重，比我们想象的还要大。

修改在创作中的必要性毋庸置疑，但一个段子修改打磨多少次就可以成为"终稿"了，在具体实践中，每个人给出的答案是不同的。我并不想也无法给出一个简单粗暴的标准，只想描述一个存在的现象，并给出少量建议 [①]。

为了更形象地描述现象，我借用一个概念：长尾效应。这个概念对很多人来说并不陌生，通常用于描述消费市场。2004年10月，美国《连线》杂志编辑克里斯·安德森第一次提出了长尾理论，他告诉读者："商业和文化的未来不在热门产品，不在传统需求曲线的头部，而在于需求曲线中那条无穷长的尾巴。"在具体实践中，有更多传统厂商把精力放在了比较重要的头部需求，但其实尾部能产生的整体效益也很高，甚至会超过头部带来

---

① 我深信对从任何文章、分享和讲座中获取的建议，最终都会因为各种原因无法被充分采纳，所以会严格控制建议的比重。但正如王尔德所说：对建议，你所能做的就是把它转送给别人。建议对自己从来没什么用。因此我还是会给出一定的建议，方便读者在适当的场合传递给没有阅读过本书的人，把它作为一种低成本的营销方式。

的效益。

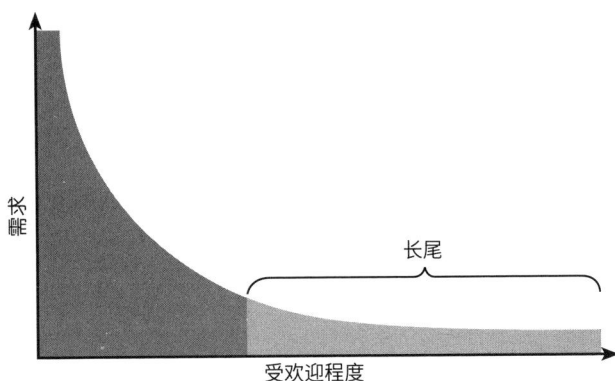

在段子的修改过程中，也有类似的长尾效应。当我们创作了一个段子的雏形并将其拿到开放麦上去打磨时，首次创作和前几次打磨的效果是最显著的，对应长尾打磨，我们将其称为头部打磨。头部打磨单次修改获得的成就感较大，因此是所有创作者都比较关注的部分，他们也会花费绝大部分精力在这几次修改上面。具体表现是会非常认真地对待每一次修改，重新梳理文字稿，设计具体的表达方式，认真听录音反馈，等等。

但当一个段子初步成形并获得一定效果后，很多人就开始停止修改了，或者停止了有意识、有目的的修改测试。对很多新人来说，一个段子能把观众逗笑一次，这个段子就已经可以成功地下线销售了，在他们看来，曲线上"头"和"尾"的临界点就是"引人发笑"（get a laugh）。但事实上，"引人发笑"和"听到一个段子"（get a bit）之间还差得很远，一个笑点只是起跑线，远远不是终点线。

结果就是许多人对段子效果的长尾增长并没有足够地重视和利用。这一方面是由于主观上长尾部分能够给到的单次修改的成就感较低；另一方面是客观上开放麦确实是稀缺资源，所以对一个段子进行多次打磨在机会成本上是比较奢侈的。但随着开放麦数量和其他演出机会的增加，我认为利用长尾效应进一步打磨段子是一个不容忽视的手段，甚至是一些讲过几次效果不错的段子，也应该考虑更多次地拿到开放麦来做进一步的打磨。铺垫的用词、笑点的用词、追加笑点、呈现的细节、语言节奏、停顿等，都可以进行长尾打磨，其收益甚至可能会超过头部的几次打磨。

　　当然，头部打磨和长尾打磨是相辅相成的一个整体，如果我们把打造一个段子比作建一座别墅，那么确立一个段子的态度和前提相当于打地基，段子结构相当于房子的格局。前几次的头部打磨主要目的是打地基和确立格局，建造出基本功能完备的毛坯房。而长尾打磨则是装修，如果打磨文本细节是硬装，打磨表演细节就是软装。从居住的舒适体感角度来说，可能长尾打磨的贡献值要大得多。

　　在具体实践层面，我给单口喜剧演员新人的建议是，一些自己觉得相对成熟（往往在开放麦结束之后被证明是一种幻觉）的段子，依然可以拿到开放麦去打磨。一方面，可以将段子进行长尾打磨；另一方面，成熟段子可以作为新段子的对照组，来确定新段子的效果好坏。在长尾打磨阶段，我的建议是在每次开放麦上台前，为成熟段子设计一个小的"突变"——这个"突变"可以关于任何方面，既可以是词语层面的删减、增加、改变，也可以是语言节奏、表达情绪的改变，还可以是表演细节的设计，等等。有时通过微调一句话的情绪，就可以达到意想不到的效果。要尝试把段子当作一个进化中的物种，把观众当作残酷的大自然，在漫长的进化过程中，保留好的突变，淘汰不好的突变，做到"物竞天择，适者生存"。

当然，有些情况下，在长尾打磨的过程中，我们会发现段子无论如何都很难进步，这时候很可能不是装修的问题，而是段子本身的地基和结构出了问题，这时候要重新打地基，勇敢地推倒重建。喜剧的房子虽然塌了，但是你可能会在废墟上发现观众用尴尬的脚趾挖出的地下室。

在经过少量的头部打磨之后，我决定将这一小节内容呈现在读者面前，虽然没有经过长尾打磨，但比起初稿来，已经不算差了。在这里要代表我自己和未来本书修订版的读者，提前感谢本文初版的读者，你们未来可能提出的建议和批评，会让这一小节内容变得更好，或者彻底从书中消失。

最后，我想用美国剧作家奥古斯特·威尔逊的一句话结束本小节，并与可能看到本小节的创作者共勉：

Keep your hands moving. Writing is rewriting.
让你的手动起来。写作就是改写。

喜剧信用

Truth lives, in fact, for the most part on a credit system. Our thoughts and beliefs pass, so long as nothing challenges them, just as banknotes pass, so long as nobody refuses them.

—William James

事实上，真相存活在一个信用体系之下。我们的思想和信念可以一直流通，只要没有任何东西挑战它们，正如钞票可以一直流通，只要没有人拒收它们。

——威廉·詹姆斯

"段子手"为什么在开放麦不好笑？

几乎所有的喜剧演员都有过一个令人困惑的经历，在职业生涯中，他们都会不止一次地从朋友那儿听到这么一句话："我认识一个人特别逗，是个'段子手'，他应该来说脱口秀 / 说脱口秀肯定没问题 / 比好多演员好笑多了，你让他来试试。"但这些"段子手"在被怂恿开始尝试开放麦之后，几乎都会经历巨大的挫败。失败的核心是因为这些人没有幽默感吗？显然不是。至少他们在朋友面前是充分展现出了幽默感的。

那么问题的核心究竟在哪儿？一个喜剧演员和一个朋友圈子里的"段子手"，到底差在哪儿？为了帮助大家理解这个问题，我在这里引入一个概念——喜剧信用。

对当代人来说，"信用"这个概念并不陌生，甚至从某个层面上说，是无法回避的，即便没有使用过信用卡，也至少在地铁站、校园里看到过办卡送行李箱的推广活动。但"信用"这个概念适用的范围，远远不止与金钱相关的领域。

事实上，喜剧也存在于一个信用体系之下，每一个喜剧演员都有自己的"喜剧信用"。在这个信用体系之下，观众根据每一个演员的喜剧信用，决定是否出借时间（当然，还有伴随着时间的关注度），以及出借多少，喜剧演员要在一定的"还款周期"内，还给观众笑点。还了一个笑点之后，就可以再借出时间和关注度，并且可以累积和提升自己的喜剧信用。在这个类比中，"时间就是金钱"的理念被体现得淋漓尽致。

基于以上分析，我们可以得出喜剧演员区别于普通人的重要标准：

喜剧演员不只是有幽默感的人，而是拥有或者有能力建立喜剧信用的人。

这个判断标准可以帮助我们解决开头那个问题——问题核心不在于幽默感，而是"朋友圈子里的'段子手'"不是喜剧演员，在观众面前没有喜剧信用，也没有能力在短时间内建立起喜剧信用，所以观众并不愿意"贷"给他们时间和关注度。这也很好理解，打一个比方，如果你是一个没有任何正式工作的人，现在需要借一笔钱，你身边的朋友可能会基于对你们私人关系的信任而借给你，但你可能很难指望一家银行或者一个陌生人借给你，因为你在银行那里或者公众面前是没有信用记录的。

在一个开放麦或者单口喜剧演出的现场，观众就是银行或者陌生人，大多数观众并不愿意出借关注度，而那些自愿或者被迫出借了关注度的观众，则很有可能得不到任何笑点的回报——在段子缺乏设计和准备的情况下，没有喜剧效果是大概率事件。此时，这些"段子手"在观众心中甚至已经有了不良喜剧信用记录，更不会有人愿意出借时间和关注度，这会使后面的表演变得更加困难。

喜剧信用的主要运行机制

在描绘了缺乏喜剧信用会导致的悲惨结果之后，我们来看看喜剧信用在剧场里的运作机制是什么，以及演员们能如何运用喜剧信用来优化自己的表演。

在演出一开始，喜剧演员需要做的是迅速建立自己的喜剧信用，只有当你建立了喜剧信用时，才能不断地"贷"出时间来。当然，从某种意义上说，一个喜剧演员刚一上台时，虽然没有正面的信用记录，但也没有"不良记录"，所以观众还是愿意出借少量时间的。观众在一开始愿意出借的时间，我认为可以用一个词来定义——"来都来了"时间。"来都来了"时间不会太长，最长也不会超过一分钟，这和短视频的时长相仿，所以在演出的第一分钟甚至更短的时间内，演员需要选择非常短平快的段子或者互动，给观众第一次或者更多次笑出来的机会。

当你让观众笑出来之后，你就在观众心里建立起了良好的喜剧信用记录，观众就愿意继续出借时间给你，累积到一定程度之后，观众就愿意出借更多时间给你。因为基于之前的良好信用记录，观众相信借给你更多时间，你会回报给他们一个更大的笑点，这就像平时信用卡按时还款，银行就更有可能让你贷款买房。当然，如果观众出借了大量时间之后，预期的大笑点没有出现，你就有了"不良记录"，必须重新建立自己的喜剧信用，喜剧信用的恢复需要一个过程。

所以，我们可以看到，对大多数喜剧演员来说，更合理的选择是开场用一些短平快的段子，将需要大段铺垫的段子放在中后部，甚至是压轴的位置。安东尼·杰塞尔尼克著名的专场《我思我祷》的结构很别致——前40分钟讲编的段子，后20分钟讲真事。在前40分钟的结尾处，安东尼·杰塞尔尼克利用36分45秒到40分20秒的这3分多钟，只讲了一个关于奶奶和《圣经》的段子。但因为他已经在前面的30多分钟演出中充分建立了自己的喜剧信用，所以观众愿意给他3分多钟的时间来铺垫最后那个笑点。

其他应用逻辑和注意事项

除了整场演出的规划，在单个段子的内容规划过程中，喜剧信用思维依然是有帮助的——如果一个出色的笑点之前需要比较长篇幅的铺垫，那么也可以尝试在铺垫中插几个小的笑点，以便提升自己在微观尺度的喜剧信用。因为单个段子内喜剧信用的应用逻辑和整场演出类似，这里就不赘述了。

对一些有线上曝光度的喜剧演员而言，他们在一开场可能不需要特意去建立喜剧信用，观众依然愿意出借时间和关注度，这是因为他们的作品和知名度在这里充当了"抵押物"。但"抵押物"只能让观众在初始状态下给你更多的时间和关注度，如果你在更长的时间内仍然无法给出笑点回报，那不仅你的喜剧信用会有"不良记录"，作为"抵押物"的知名度也会被"强制执行"。

还有一个有趣的点是，观众也不是一个整体，而是很多个体的统称，就像银行也只是一个统称，世界上的银行也有很多家。在现实生活中，有可能 A 银行授信给你，但是 B 银行不一定。在单口喜剧中，有一些演员可能在 A 观众群体中容易获得授信，而在 B 观众群体中就不一定。有些演员可能通过长期演出，选择出了容易给自己授信的观众群体，但遇到全新的观众群体或者更大的观众群体时，可能需要重新获得授信。[1]

唯一可能让人感到宽慰的是，我们所说的"喜剧信用"和我们生活中的征信记录不同，它更多还是基于一场演出本身的——这一场演出和下一场演出中，观众是不同的，你的喜剧信用是相对独立的，你在上一场演出中的"不良记录"不会被带到下一场

---

[1] 特别鸣谢"猫头鹰喜剧"合伙人大雄对本段观点的贡献。

演出中。所以，如果有失败，尝试寻找原因，重新开始就好。与此相对应地，就算你上一场演出再炸，你良好的喜剧信用也不会被带到下一场，你不能想当然地认为观众会愿意付出时间，你依然要重新建立自己的喜剧信用。

最后说一点题外话，我记得几年前看赖声川导演的相声剧《那一夜，在旅途中说相声》，里面有一个故事给我留下的印象很深，是说一家饭店的，店里的菜单上只有两个大大的英文单词——"Trust Me（相信我）"，顾客唯一能做的，就是把自己全身心交给大厨，点一道，再点下一道，直到吃饱为止。

我特别喜欢这个故事，觉得这种感觉特别妙，又特别单口喜剧，毕竟在单口喜剧的节目单上，也只有"Trust Me"两个单词。

第二部分

人人能说脱口秀

第一课　从态度出发

And I don't know how you do it
Making love out of nothing at all

—Making Love Out Of Nothing At All Air Supply

但我真不明白你是怎么做到的
让爱凭空而生

——《无中生爱》空气补给组合

A word does not start as a word-it is an end product which begins as an impulse, stimulated by attitude and behavior which dictate the need for expression.

—Peter Brook

一个词语并不是从词语开始的，它是一个终产物，始于一个冲动，被有表达需求的态度和行为所激发。

——彼得·布鲁克

当你终于鼓起勇气决定要写一段脱口秀时，摆在你面前的第一个问题就是——从哪儿开始？

这个问题在物理上不难回答——新建好的文档，或者手账空白的一页，但在内容层面就很难回答了。段子创作就像一场没有起跑线和发令枪的马拉松比赛。原则上，创作是没有起点限制的，你可以从任何地方开始，但没有限制往往是最大的限制，就像找对象时没有要求往往是最高的要求。

所以，在这里我必须要人为地划定一条起跑线，但必须和大家明确，这不是唯一的出发点，创作可以始于素材、始于话题、始于朋友间的聊天、始于对最后期限的恐惧，我这里给出的，是比较基础也是对初学者更有意义的一个起点——态度。

在中国初代脱口秀/单口喜剧演员倍加推崇的《喜剧的艺术》中，朱迪·卡特把态度列为喜剧创作出发点的核心之一。在她给出的喜剧结构中，态度被放在了最前面：

Attitude+Topic+Premise+Act-out+Mix+Act-out
态度＋话题＋前提＋呈现＋混合＋呈现

朱迪·卡特用一句话描述了态度对单口喜剧演员的重要性：

正如演员永远不会不带情绪和意图地说台词，单口喜剧演员也永远不会不带态度地讲段子。

因为一些理解和翻译上的偏差，这里的"态度"在很长时间被误传为"负面情绪",早些年我们经常能听到"寻找负面情绪"这样一个说法。但这里需要明确,我们需要寻找的是**态度**,而不是**情绪**,那这两者有什么区别呢?我先请大家做一道选择题。

请从下列例句中分别选出属于情绪和态度的词:

1. 老板骂了我,我觉得**很生气**。
2. 刚升职的同事提了离职,我觉得**很奇怪**。
3. 甲方提了一个不合理的需求,我觉得**蠢透了**。
4. 中国男足没有进世界杯,我觉得**很伤心**。
5. 中国男足没有进世界杯,我觉得**很合理**。

属于情绪的有 ＿＿＿＿＿＿＿

属于态度的有 ＿＿＿＿＿＿＿

如果你此刻还没有作答,请先完成你的选择,再继续阅读。我给出的参考答案是:1和4属于情绪,2、3、5属于态度。当然,也有一些朋友对4的判断有质疑,认为4的表现既不是态度,也不是情绪,而是一种认知障碍。

如果把这些句子补充完整,我们能更清晰地看出态度和情绪的区别。

老板骂了我,我觉得(我)**很生气**。

刚升职的同事提了离职，我觉得（这件事）很奇怪。

甲方提了一个不合理的需求，我觉得（这件事）**蠢透了**。

中国男足没有进世界杯，我觉得（我）**很伤心**。

中国男足没有进世界杯，我觉得（这件事）**很合理**。

虽然情绪和态度都是主观的，从"我"出发的，态度也往往包含一定的情绪倾向，但态度想要成为态度，还需要一个对象、一个客体，这个客体通常是一个事件、一种现象、一个行为。在上述例子中，"中国男足没有进世界杯""甲方提了一个不合理的需求"就是这样的客体。

所以，有利于喜剧创作的态度，我给出的定义如下：

态度是**主体（我）对某个客体（事件／行为／现象）做出的评价性反应**，往往带有一定的情绪倾向。

这里有三个非常重要的元素：

（1）主体（我）

对一个创作者，尤其是一个初学者来说，段子里有"我"是很重要的。我接触过很多初学者，大家认为脱口秀需要共鸣，因此不太敢在段子里表达自己的看法，觉得这样做会缺少共鸣。但事实上，对初学者来说，把自己表达清楚，比寻找一个所谓大多数人能接受的共鸣要重要得多。不要怕自己的观点失之偏颇，因为失之偏颇的同时，也必得之于偏颇。在喜剧中，再天马行空的偏见，也比泛泛而谈的共鸣有意义得多。

面对很多讲完后效果欠佳的段子、满脸挫败的新人，我经常说的一句话是："这个段子里没有你。"因为段子里没有你，它就不属于你，你也就运用不好它。

段子创作既是一个训练喜剧技法的过程，也是一个发现自我的过程。尤其是对新人，寻找到一个发现自我的方法，比创作出好笑的段子更重要。找到属于你的声音，属于你的表达方式，是每一个喜剧创作者，甚至每一个生命个体都要面对的课题。

（2）客体（事件/行为/现象）

寻找客体最重要的一点，就是不能过于笼统，要尽量具体，尽量明确。有一句大家经常挂在嘴边的话刚好可以用来描述我们的要求：对事不对人。

在喜剧创作中，客体通常需要一个事件、一种现象、一个行为，而不是笼统的一个人。比如，如果我们仅仅是对"中国男足"有态度，创作起来会比较受限制，除了单纯地骂街，很难创作出更有幽默纵深的段子。但如果我们是对"中国男足在大年初一 1∶3 负于越南队"这样的事件，或者"中国男足踢球踢得不好，但是薪水特别高"这样的现象有态度，那创作就会更容易。

（3）一定的情绪倾向

情绪往往比观点更容易传播。情绪像一种通过飞沫传播的病毒，R0①奇高，很容易实现人际传播，在人员密集的地方尤其快。而观点则像安眠药，通常是专业人士让你吃下去的，而你摄入之后的唯一反应就是想睡觉。

态度、情绪、观点是三个相互关联，但并不相同的事物。如果我们以态度为中心，那么态度背后往往有一个观点，而情绪则经常要帮态度打头阵，或者作为一个载体。我们可以用一段朋友之间的虚拟对话来演示一下这三者的关系：

"我今天真的要气死了！"（情绪）

"怎么啦？"

"我们那个甲方提的需求太不合理了，我觉得太蠢了。"（态度）

"有多蠢？展开讲讲。"

"他们的预算明明就那么一点，还那么多要求，要做爆款……"（观点）

"怕不是有什么大病！"

大家可以看到，先表达出来的是情绪，之后情绪作为载体引出态度，但只有态度是不够的，大家一定想知道背后的观点是什么，因为世界上可能会存在无缘无故的爱，但不存在无缘无故的态度。当然，情绪不一定需要明确地说出来，很多时候是暗含在

① R0，基本传染数，流行病学术语，指在没有外力介入，同时所有人都没有免疫力的情况下，一个感染到某种传染病的人，会把疾病传染给其他多少个人的平均数。这里我借用这个概念来说明情绪的感染力。

表达本身里的，我们不需要用说出"我生气了"来表达生气（事实上我们极少这样做）。另外，很多情绪无法归结为一个非常明确并且简单的形容词如生气、开心、绝望，更多时候我们的情绪是五味杂陈的，所以我们只要表现出一个**情绪倾向**，让我们的叙述含有情绪的调味就足够了，不必非要用一个词来说明。值得注意的是，没有情绪、疏离、冷漠也是一种情绪倾向，当我们看到一些脱口秀表演者以一种非常疏离的情绪表演时，这并不是缺乏演技和情绪，更多的是一种风格上的选择。

如果我们把每个人比作一个人生的**摄影师**，一个人的人生观和看问题的视角就是你特有的**镜头**，当你透过自己的镜头去看这个世界时，会形成一些自己的理解和观点，这些观点就是**底片**，而情绪则是**显影剂**，可以把观点冲印成照片——态度。

人	摄影师
视角	镜头
观点	底片
情绪	显影剂
态度	照片

但不同的是，照片或许是一次摄影的终点，而对喜剧，态度只是起点。有了态度，只是第一步，后面还要围绕态度做一系列的延展，就像给朋友拿着一张照片讲这张照片的来历、构图、背后的故事等。

在这里我想举一个脱口秀专场中的段子作为例子，是路易·C.K.在他的单口喜剧专场《老招笑了》中开场部分的一个笑话。在本书中，我们还会引述这个专场中的其他段子，因此建议大家将这个专场的链接放进收藏夹，这样大家可以很容易在浏览器中找到，不用重新搜索：

我不知道应该如何开始讲一个段子，这是一直以来困扰我的一个问题。我从来……我从来就没搞清楚，怎么样才能一上台就开始张嘴说话，因为上台说的第一句话一定让你感觉超级愚蠢。因为我其实没有任何理由一定要对着你们说话。真的没有任何理由。我不认识你们，你们也不……你们甚至彼此都不认识。你们脸朝着同一个方向，这是你们唯一的共同点。但我还必须一上来就开始说话。这有点像你去酒吧看到一个女孩子，你被吸引了想去搭讪，从你嘴里说出来的第一句话一定是狗屎一样的。

大家可以看到，路易·C.K.的态度非常明确——**上台说的第一句话一定让你感觉超级愚蠢**。而在这之后，他马上说明了这种态度背后的观点——**因为我其实没有任何理由一定要对着你们说话。真的没有任何理由。我不认识你们，你们也不……你们甚至彼此都不认识。** 后续的创作都基于态度及其背后的观点，而那种莫名、无奈的情绪倾向，则暗含在整个表达之中。

关于观点，我会在下一课中继续讲解，本课我们还是继续专注于态度。我们现在知道，第一步需要做的，是找到一个态度，那么是否所有态度都适合喜剧创作，我们应该选取怎样的态度，有没有什么标准呢？

朱迪·卡特给初学者的建议，是四种最基础的态度：**奇怪、可怕、困难、愚蠢。**

而这四个词就是国内早期单口喜剧爱好者归纳的"负面情绪"，或者我们现在知道，至少应该叫"负面态度"。这四种态度显然是被无数段子验证过的，在喜剧创作方面行之有效，但是否在喜剧创作上我们只能去找负面态度，甚至只能是这四种负面态度呢？我想先邀请大家做一个小测试。

下列态度中，请按照你认为的有趣程度，由高到低排序：

1.男朋友送了我一束花，我觉得这件事很欢乐。

2.男朋友送了我一束花，我觉得这件事很愚蠢。

3.男朋友送了我闺密一束花，我觉得这件事很愚蠢。

4.男朋友送了我闺密一束花，我觉得这件事很欢乐。

在之前几年的教学过程中，我做过一些小范围的测试，大多数人给出的排序和我一样：

4 → 2 → 3 → 1

欢乐是正面的，而**愚蠢**是负面的，但大家觉得最感兴趣、最能出喜剧效果的，反而是正面的态度。在问及大家排序的原因时，很多人有这么一个共识——比起正面还是负面，他们更在乎的是态度的**反常**。比起一个正常的负面态度，一个反常的正面态度可能更吊人们的胃口。

　　如果我们将态度的正负面作为 y 轴，将态度的正常和反常作为 x 轴，我们可以建立一个这样的直角坐标系：

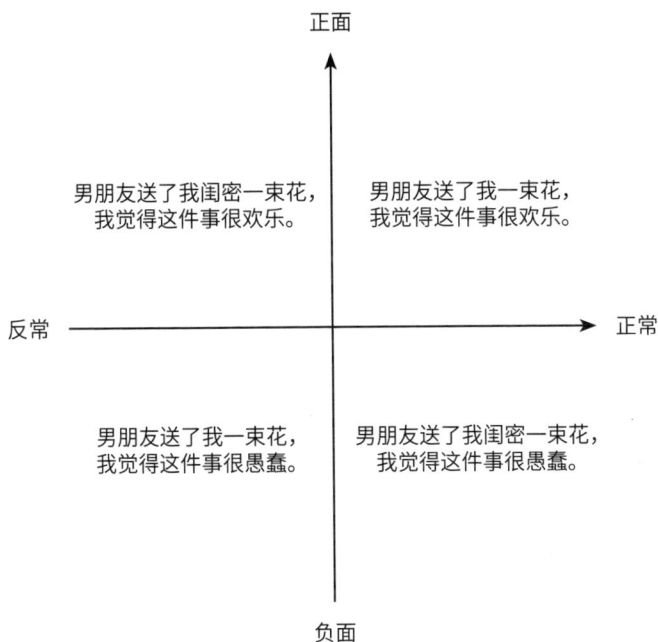

正面

男朋友送了我闺密一束花，　　　男朋友送了我一束花，
我觉得这件事很欢乐。　　　　　我觉得这件事很欢乐。

反常　　　　　　　　　　　　　　　　　　　　　　　正常

男朋友送了我一束花，　　　　　男朋友送了我闺密一束花，
我觉得这件事很愚蠢。　　　　　我觉得这件事很愚蠢。

负面

　　在这个直角坐标系的四个象限中，第一象限——正面的正常态度——对喜剧创作而言是比较有难度的，因为它既没有办法通过负面（如愚蠢或者困难）制造优越感，也很难通过反常产生意外。所以，作为初学者，可以先避开正面的正常态度，主要从反常的正 / 负面态度，以及正常的负面态度入手。当然，这里只是一个相当粗略，甚至粗暴的划分——勉强相当于豆花和粽子的咸甜之争。更深入地接触喜剧之后，你会发现正常反常也没有那么

绝对，而即便是正面的正常态度，也可以通过观点的阐述来制造意外。喜剧没有什么绝对，也没有什么不可能，更没有什么绝对不可能。

现在我们更进了一步，除了简单地寻找态度，我们知道，可以从**反常的正 / 负面态度**，以及**正常的负面态度**入手。但态度还需要一个对象、一个客体，单纯的"有态度""是一个有态度的人"是不够的。说唱歌手们是经常被评价为"有态度"的一个群体。但很多时候，我相信他们也很难说清自己表达的具体是什么态度。我从他们的作品中能看到的更多是对世界的愤怒和对押韵的渴望。

那么接下来的问题就是，态度的客体应该是什么？我们应该对什么产生态度？我们可以怎么去挖掘我们脑中已经存在的态度？这并没有规定，但我可以给大家提出两个建议。

（1）以情绪为指引牌

我们前面已经简单阐述了情绪和态度之间的关系，情绪更能感染人，也更容易被识别和回忆。就像公共厕所的指引牌，或者螺蛳粉店飘出的气味，可以帮我们更快找到我们的目标。如果一时想不出态度，不妨先来回忆情绪，在这里我给出两个关键词：**愤怒，悲伤**。

你最近一次，或者印象最深刻的一次跟人发火、吵架的经历是什么？你最近一次，或者印象最深刻的一次伤心、流泪的经历是什么？回忆起有这些情绪的瞬间，想想这些情绪是因为什么人而起的，再想想具体是因为这些人做了什么事情。然后你就可以去想，你之所以有情绪，是因为你对这件事情有什么态度？恭喜你，现在你已经成功地通过了情绪的指引牌，找到了态度。

如果你还是什么也回忆不起来，那也没关系，下次情绪涌上心头时，请一定按照我们给出的方法，一步一步探究一下情绪背后的态度是什么，不要浪费了如此宝贵的情绪。

（2）对"老话说得好"开炮

除了从情绪出发挖掘态度，我们也可以从对象出发。我们当然可以对社会新闻或者热点事件有态度，但有时一件新闻的要素过多，可能比较容易迷失。对初学者来说，对一些"老话"产生态度，可能更容易入手。例如：

不听老人言，吃亏在眼前。

男人有钱就变坏。

最毒妇人心。

头发长，见识短。

…………

大家也可以自行去网上搜集一些俗语，用批判的精神审视一番，然后看看自己是什么态度，这些态度有可能成为很好的创作起点。找到态度的起点之后，我们就要向下一步——观点——迈进了。从观点开始，创作才真正进入了深水区，但今天我们先不用想那么多，放轻松，做一个在海边捡贝壳的快乐少年，看看我们的脑海里有些什么态度。如果你实在没有太多想法，也可以把简答题改成选择题，就在**奇怪、可怕、困难、愚蠢**这四种态度中做选择。

课后练习一：

以愤怒、悲伤等情绪为引子，写出两个你有态度的事件 / 经历 / 现象。如果有可能，写一下态度背后的原因和观点。

例如，有一次我特别生气，我觉得甲方提的需求简直太愚蠢了。他们的预算明明就那么一点，还那么多要求，要做爆款……

1.

2.

3.

课后练习二：

找出 3 句"老话"、俗语，列出你对它们的态度。如果有可能，写一下态度背后的原因和观点。

例如，我觉得"男人有钱就变坏"这句话特别奇怪。我觉得变坏和钱没有任何关系，男人都挺坏的，只是有钱之后，他的坏更容易让别人看见。

1.

2.

3.

第二课　洞察和观点

　　在第一课中，我讲了态度的重要性，如果你完成了课后作业，相信盯着自己写出来的若干态度，你脑子里一定会有一个问题：

这些破玩意……好笑在哪儿？传说中的笑点呢？

　　这个问题问得很好，唯一的问题是，问得太早。如果段子是一个百米跑，那态度只是起跑线，而笑点应该是终点线，我们不能越过前面的 90 米直接冲到终点。我们现在还在起跑加速阶段，乍一看甚至没有什么进度，但其实很关键——前面加速到位，后面才能更快地到达笑点这个终点线。

　　既然聊到了这个话题，我们不妨在正式进入"洞察"这部分之前，先稍微聊一些"笑点"和"观点"之间关系的话题。很多人会说，既然喜剧是搞笑的艺术，那为什么还要讲观点，直接讲笑点不就行了吗？

这里有一个很有趣的"悖论"——喜剧要好笑，但不是通过追求好笑的方式来实现好笑。好笑是一个**结果**，而不是**目标**。

有些朋友可能听过一句古话："取法其上，得乎其中；取法其中，得乎其下。"大概意思就是如果你把目标和参照物设定得比较高，最终可以得到中等的结果；如果你的目标就设定在中等，那结果往往会比较差。

这句话用来描述喜剧的创作我觉得很贴切。如果你努力去描述人生的真相，剖析自己的困境，挖掘自己的态度、观点，并用自己独有的表达方式来表达，那么得到的结果就是笑声和掌声。好笑是一个自然到来的结果，但如果你的目标就是不择手段地让大家笑，让大家鼓掌（要掌声），那你能收获的更有可能是尴尬和油腻，或者喜剧演员经常使用的一个形容词——便宜。到这个份儿上，甚至不如直接追求尴尬和油腻，得来的效果反而可能好一些。

喜剧的层次

上	观点、态度、人生的真相、困境、独有的表达方式
中	笑声、掌声
下	尴尬、油腻、便宜

另一个我很喜欢的理论可能更具禅意，也可以说更佛系。佛教有一个概念叫"无相布施"——不求人回报和感谢，甚至不需要人知道是谁布施的。相对应地，为名利，为健康长寿，为了怕

堕入恶道而进行的布施，就叫"有相布施"。电影《误杀》里面有一句台词："无相布施才有无限功德。"

为了方便大家理解，我举个例子，做公益是件好事，但这几年的一个趋势是一些明星会把公益做成标签推上热搜，感觉是要把名字记在"互联网的功德簿"上，希望通过做公益来提升自己的社会评价，减少被骂的次数，对冲负面新闻，那就是典型的"有相布施"了。

我心目中的理想喜剧，应当是某种形式的无相布施。而为了名利，为了流量，为了怕冷场而创作的段子，就是有相布施了。现实中虽然很难真正做到无相布施，但我觉得这或许是喜剧创作者应该努力的方向。当然，作为初学者，这本身也不是当前大家要去追求的，我们先放下对"道"的探讨，来到"术"层面的实践。

回到以态度为起点要迈出的第一步——观点上来。"观点"这个词可能有点太专业，让人联想到一系列逻辑非常缜密的推论。但事实上，这里的"观点"是一个很宽泛的概念，所以接下来，我们会用"洞察"这个表达来描述一个更广义的观点，其实只要是你对一件事情的想法和见解，都可以。当然，如果你觉得"想法""看法""见解""论点""解释"等这些词让你更舒服，大可以直接全文替换。

洞察和观点的寻找没有规定，只要言之成理，能自圆其说就可以。本着"少限制，多引导"的原则，我给大家一些可以去挖掘洞察的方向建议。在洞察这部分，我们可以给出一些什么元素。

（1）产生（负面）态度背后的逻辑

大家应该还可以回忆起第一课中的态度直角坐标系，以及为了便于喜剧创作，我们对事件和现象态度的倾向——要么反常，要么负面。如果你产生了一种态度，尤其是负面态度，最简单最直接的观点和想法，就是把你产生相应态度背后的逻辑写出来。

例如，甲方提了一个不合理的需求，你觉得很愚蠢，那么就把这个需求愚蠢、不合理的点写出来。比如，我接触过的相当一部分不合理的甲方需求，都落在下面这个"不可能三角"中。

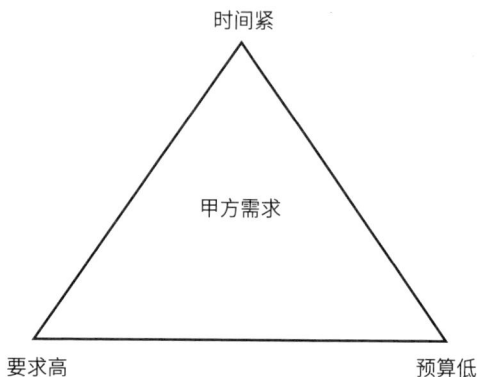

所以，一个可能的洞察或许是这样的：

甲方提了一个不合理的需求——让我们在1天之内写3篇稿子，才给5000块钱，我觉得太愚蠢了。这么紧的时间，这么高的要求，他们怎么好意思只给这么一点钱？他们难道不知道

"时间紧、要求高、预算低"是一个不可能三角吗？

如果是反常的态度，那么也许要写出反常的点。例如：

中国队没有进世界杯，我觉得这件事是令人开心的。因为没有中国队，世界杯一定会更精彩，我也可以享受全部 64 场比赛，否则，有 3 场比赛我应该会看得很难受。

美国华裔脱口秀演员王胜在专场《香甜多汁》中，表明了他觉得打呼噜这件事很奇怪、很不可理解的态度，并给出了一些背后的洞察：

那是一次家庭旅行，我跟我爸在酒店睡同一间房，我知道他打呼噜……第一个小时我很害怕、很担心，鼾声时不时会停一下，让我松口气，但同时我又担心——他没有断气吧？第二个小时，我在想，不管是死是活，选一个吧，生活还得继续。第三个小时我开始查数据资料——鼻中隔偏曲、持续气道正压呼吸机，然后我思考了一下，认认真真地思考了一下：为什么打呼噜没有在进化过程中被淘汰？这根本说不通。从生物学上说，我不知道你是不是该活在这里，我觉得你就不应该出现在基因库里，因为这就不是一个适合生存的特性——你毫无知觉，同时又很吵，你是完美的猎物。你在很久以前就应该在熟睡中被剑齿虎吃掉。你在外面会暴露大家的位置。

你拼命模仿他们打呼噜的声音，但是没过两秒钟你就觉得超难受，你完全无法继续。这时候你才发现，这是一种邪恶的超能力。有些人能打呼噜打一整晚，这是一种邪恶的奇迹。一觉醒来，神清气爽，直接走开，毫发无伤——你感觉他们应该睡到到处喷血才对啊！

(2) 产生（反常）态度的背景信息

态度的产生，背后除了逻辑，往往还有另一部分非常关键的要素，就是背景信息。任何一种态度的产生，都不可能脱离你的文化背景、教育背景、原生家庭、个人喜好、人生经历、性格特点等。如果你的态度跟这些都没关系，那么你反而需要思考一下，这种态度是不是真的属于你。

在我们去描述态度背后的洞察和观点时，补充一些背景信息是合理的，有时甚至是必要的。尤其是**反常**的态度，背景信息中往往包含一些惊喜。回想一下我们在上一课中所举的例子：**男朋友送了我闺密一束花，我觉得这件事很欢乐**。如果真的如此，那么背后一定有一些大家很想八卦的神奇背景。比如，你是不是本来就想和男朋友分手，或者你和闺密之间有一些我们不得而知的秘密计划。

我们再用一个反常的态度来做一个练习：**周末老板把我叫去公司开会，我觉得这件事太让人开心了**。接下来我们列几个补充背景信息的可能方向：

周末老板把我叫去公司开会，我觉得这件事太让人开心了。我这个人最怕寂寞，平时上班开会是我最快乐的时间，周末如果不加班开会，我还得自己花钱去玩剧本杀，谢谢老板又给我省了一笔钱。

周末老板把我叫去公司开会，我觉得这件事太让人开心了。我妈每周末都会给我安排相亲，我实在是烦死了，我宁可去公司见老板。同样是吹牛、画饼、PUA（情感控制），我觉得老板比相亲对象强太多了，至少老板还会给我发工资。

我们先给出态度，不给背景信息，就可以制造一些悬疑感和好奇心，让观众想要听下去，当你最终给出答案时，又可以制造惊喜。这样，我们在观点的部分就可能制造出喜剧效果。

"信息"对喜剧而言非常重要，而信息给出的先后次序和时间，可能比信息本身更加重要。就像炒菜时，同样的食材和调味品，先放什么后放什么，炒到什么火候放下一个，可能决定了整个菜品的成败。当然，如何恰当地控制信息是一个相当大的问题，我们这里先不做展开。

现在我们有了态度，有了一个基础的洞察和观点，那么接下来还能如何往下展开？我在下一课中会给大家介绍两个很重要的方向。本节课的作业，就是在上节课你列出的态度的基础上，完善洞察和观点。如果你在写的过程中有了让你更有表达欲的态度，可以随时把旧的替换掉。

第三课 解释

一件事的荒谬，不能成为驳斥它存在的论据。相反，这恰恰是它存在的条件。

——尼采

我们在工作和生活中遇到一些状况和问题，尤其是在发生争吵时，经常听到这么两句话：

"为什么会这样？"

"那现在怎么办？"

以当下为出发点，这两个问题刚好是相反的方向。"为什么会这样？"是从当下往回看，想弄明白我们是如何走到今天这一步的，想得到一个**解释**。而"那现在怎么办？"则是向前看，想要知道之后的路应该怎么走，寻求一个**解决方案**。

	"为什么会这样？"		"那现在怎么办？"
过去	←	当下	→	未来
	如何走到		之后的路
	今天这一步的		应该怎么走

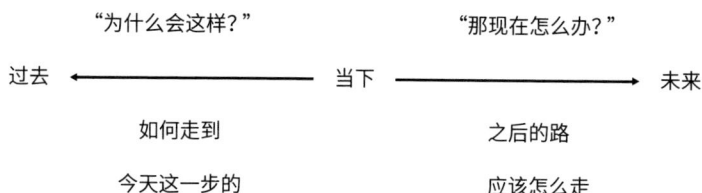

面对很多问题时，我们脑子里会天然地往这两个方向思考。当程序出现 bug（漏洞）时，当你发现朋友骗了你时，当你在饭店点了一道菜异常难吃时，这两个方向都用得上。而职场和感情上的 PUA，很多时候用的也是这两步——为什么会这样？都是因为你不对。那现在怎么办？你要更努力地去做。在喜剧创作中，"解释"和"解决"也能提供很天然的展开思路。这一课我们先来探讨解释在喜剧中的使用。

人类对世界的最大误解之一，就是相信一切事情背后都有原因和解释。说出"我们分手吧"，得到的第一反应一定是"为什么"。而比起没有理由的分手，有残酷原因的分手似乎更容易被人接受。就像人们宁可相信水逆，相信风水，相信自己上辈子造了什么孽，也不愿意相信自己的坏运气其实是一个概率事件。很多喜剧也包含这样的元素：**对荒诞、不可理喻、巧合的事件和现象做出解释，哪怕这个解释更加荒诞。**

喜剧的解释往往不是真的要给出合理的解释，而是通过解释来展示荒诞。编剧汪海林老师说他曾经和另一位编剧刘毅老师（《战狼》的编剧）一起写过一个电影剧本，叫《史上最强足球队》，这个剧本的核心就是在解释一个问题：为什么中国男足总是在输球？而汪海林老师给出的答案是，为了拯救地球。

故事的大概设定是，中国男足其实是蓝星最强足球队，外星人的银河战队想要攻打地球，派了银河战队的司令先来地球卧底，他和部队约定了一个发起攻击的信号——中国男足获得冠军时。但还好我们发现了外星人的阴谋，为了破坏他们的计划，就故意不让中国男足在世界杯预选赛出线，不出线就拿不了冠军。中国男足身处亚洲，为了输给身边的弱队，不得不用一些奇怪的阵容和一些奇怪的打法。中国男足每次输球，每次不出线，都又一次成功拯救了世界。

中国男足的表现一直让人很难理解，大家从足球人口、职业联赛、归化球员等很多方面找过原因，甚至包括吃海参，但都很难形成一个合理的解释。"拯救地球"这个解释虽然荒诞，但也比没有解释好。

在许多喜剧电影和情景喜剧里，一个经典的片段就是某一个房间里有一些人正在做一些事情，门外的人要拦住别人进来，但又不能说出实情，这时就要编一个解释出来。《老友记》第1季第7集罗斯在阳台准备和瑞秋表白，乔伊拦住了莫妮卡，解释说她不能过去的原因是罗斯在给她准备生日的惊喜派对。而在小品里，强行解释的片段也比比皆是，《卖车》里，赵本山饰演的角色这样解释范伟坐轮椅的必要性："因为你俩脚离地了，病毒就关闭了，所以说啥都上不去了，聪明的智商又占领高地了！"

中国传统相声有一段经典相声《扒马褂》，就是用解释来做"梁子（喜剧中主要矛盾线）"的。基本设定是甲、乙、丙三人表演，甲穿着马褂，甲和丙突然吵起来，丙要求甲归还马褂，甚至直接上手去扒，但甲声称这马褂虽然是从丙家借来的，但不白穿。主要是丙说话云山雾罩，不着边际，所以丙的家人希望甲能帮忙圆一下话，以此为条件给了甲马褂的使用权。

丙开始向乙吹牛，描述了几个荒谬的事件让甲跟乙解释：（1）晚上刮大风，把我们家院子里的那口井刮到墙外头去了；（2）骡子掉到茶碗里淹死了；（3）有一只特别大的蛐蛐，头有剧场这么大……甲为了能穿马褂，一直尝试给出荒诞的解释，但最后的结果就是，甲自己把马褂脱下来，表示丙的大话自己实在是圆不下去了。

在脱口秀的创作中，解释也是一个非常重要的创作工具。当我们遇到一件让我们有负面态度的事情或者现象时，把自己的负面态度说出来，把事情背后逻辑的荒谬之处描述出来，只是打好了一个地基。当我们尝试对一件荒谬的事情进行解释时，哪怕这个解释更加荒谬，喜剧的轮廓可能就开始显现了。我们依然用上一课的例子，来看看能给出什么解释：

甲方提了一个不合理的需求——让我们在 1 天之内写 3 篇稿子，才给 5000 块钱，我觉得太愚蠢了。这么紧的时间，这么高的要求，他们怎么好意思只给这么一点钱？他们难道不知道"时间紧、要求高、预算低"是一个不可能三角吗？

解释：我觉得甲方接受的入职培训中，应该包含"显得不合理"这一项，就是在乙方面前必须不合理，这样才能显出自己的专业来。就像模特走秀必须臭着脸，才显得专业。

我们再给出一个难以理解的事情，并尝试给出喜剧的解释：

爸妈一定要给我安排相亲。我觉得这件事太荒谬了。

解释：我觉得唯一合理的解释是，他们瞒着我偷偷在相亲网站做兼职，必须拉到足够的人去相亲，才有奖金拿。这么想的话，似乎心里还平衡一点，如果他们能把钱分我一半，就更好了。

美国著名单口喜剧演员道格·斯坦霍普也是给出解释的大师。在专场《啤酒馆暴动》中，他在一个段子中谈到了一个令人困惑的现象：

不管你想要达成什么目标，做什么善举，做什么努力——请给你自己算笔账，看看你是不是真正帮上了忙。因为许多善举根本名不副实——人们以为有贡献，其实什么也没做。好好算算你付出的时间和努力，看看是不是真正起了作用，而不是傻傻地说，哦，我们要为某种疾病的治疗举行一次 10 公里跑！周日都来吧！我们要为某种疾病的治疗举行一次 10 公里跑！为什么？为什么？什么时候靠你们跑步就能把什么病治好了？我不理解你们这么做和治疗疾病有什么关系……你们是怎么靠这个把病治好的呢？"是这样，每次我绕一圈，我都能得到捐款，我的赞助人会给这个病多捐两毛五，所以我能走多少就走多少。"你那些朋友是虐待狂吗？与其看你这么折腾，就不能直接写张支票解决问题吗？为什么要让你做这种无用功？

在上面这段，道格·斯坦霍普描述了一个令人困惑的现象，表明了自己的态度和观点，点出了这个现象背后的逻辑不合理之处，但道格·斯坦霍普没有停留于此——既然这件事情如此不合理，但大家依然热衷于此，一定有它的原因，所以接下来，他给出了自己的解释：

你做的这种无谓之举，目的就是让别人知道这件事情有你一份而已。你需要这件事情的关注度，你完全可以让他们写张支票了事，但不会有人这么说："哦，你知道吗？事实上我每天早上 6:30上班之前，都在兰卡斯特圣玛丽高中的跑道上跟我的狗狗快步走，打算减减肥，你知道吗？但不会有人为我做这种事情鼓掌叫好，叫我英雄的。所以我要用周日下午的这次长跑给我自己扬名，人人都会跟我说，加油，加油！"是的，承认吧，这个 10 公里的长跑跟治疗疾病没一点关系，就是关于你自己的，你这个自大狂！

喜剧演员可以展现情绪，表达态度，带领观众发现逻辑的不合理之处，但一个优秀的喜剧演员不会止步于此，他会尝试给出一些更深层次的解释。有些可能是荒谬的，但也有一些是一针见血的。道格·斯坦霍普在另一个专场《票钱不退》的开场谈到纽约时说：

喜剧演员在这里（纽约）录专场时，他们开场都这么说："哎呀，我那巴掌大的地方一个月租金就要八千块钱……"然后你会问，那你为什么不离开这里呢？为什么有人还待在这里呢？

接下来，道格·斯坦霍普给出了在我看来对喜剧最一针见血的解释之一：

但不幸的是，只有在这种人人都痛苦的地方，喜剧才有市场。我宁可在哥斯达黎加的热带风情酒吧录专场，但是他们那里不需要喜剧演员，他们脸上已经有笑容了，他们本身就已经很开心了，所以我才在这里录专场，因为这里是我最不想来的地方。

这是喜剧的悲哀，但也多多少少算得上喜剧的正能量之处。

课后作业：
选取 1 ~ 2 个你有负面态度，或者你觉得难以理解的事件或现象，尝试对其做出喜剧的解释。
事件 / 现象：
解释：
事件 / 现象：
解释：

第四课　解决

Chemically speaking, alcohol is not a problem, it's a solution.

—Anonymous

从化学角度来说，酒精不是问题，它是一个溶剂（解决方案）。

——佚名

上一课中我们谈到了解释，解释虽然可以天马行空，但最终无论如何还要回到当前我们面对的现象或者事件上。相比之下，"解决"是从当下出发，一切皆有可能。在"解决"中，我们可以找到更大的创作空间。

道格·斯坦霍普在专场《啤酒馆暴动》的开场时，讲了一个关于喝酒的经典段子：

有些人说，我不需要喝酒来寻开心，我说好吧，但这就意味着**你需要专门寻开心，然后才能开心**。这是说做就能做到的吗？宇宙算好了你周五要寻开心，于是把一切都给你准备好，让你在那天好好享受一下吗？……可能你今晚来现场，打算不喝酒就开心，这意味着——你的开心完全寄托在我是否有趣上了。鉴于我现在的职业水平，我觉得这最多是一个五五开的概率，要是我垮掉了，你就完蛋了。为了你那个"清醒的开心时间"，你计划了半天，查地址，找停车位，要是我不搞笑，你的努力就全白费了……

在前半段中，他通过语气表明了自己对"不喝酒就能寻开心"这个现象的态度，并直接点出了其逻辑上的不合理之处——这不是说做就能做到的，要冒更大的风险，要依靠一些靠不住的东西。而接下来，针对其背后需要解决的问题——"寻开心"，他给出了自己的解决方案——喝酒。

我才不会冒这个险呢！我靠喝酒来寻开心，这是万无一失的。我不管事情有多无聊，都照做不误，因为我靠喝酒就可以获得快乐，把无聊浇灭，几杯酒下去，很快一切都快乐起来了。我在机场的酒吧跟一个陌生人聊天，他把手机拿出来给我看他的狗……五杯酒下去，这个人对我来说太搞笑了，他去登记口的路上我会拥抱他，我们还会交换手机号。

你说我有问题？不，朋友，我有的是解决问题的办法！有问题的是你！

这里有一个巧妙的双关：在化学中，酒精是最常用的有机溶剂（solution），而在人生中，酒精也是一种解决方案（solution）。我们期待酒精能像溶解有机物一样，溶解烦恼。关于喜剧中的解决，道格·斯坦霍普给了我们一个很好的范例，喜剧中的解决需要我们做到：**找出现象和事件背后的问题，并给出创造性的——哪怕是荒谬的——解决方案。**

我们延续上一课的例子，对中国男足表现糟糕没有进世界杯，汪海林老师给出了喜剧的解释——为了保护地球不被外星人入侵。而从解决的角度，我们面临的问题不是为什么中国男足进不了世界杯，而是如何让中国男足进世界杯。真实的解决方案机会比较渺茫，但喜剧的解决方案可能有很多。

【解决方案1】中国申办世界杯，自动获取一个决赛圈名额。

【解决方案2】努力提高日本、韩国、伊朗等亚洲各强队的水平，并鼓励他们加入欧洲足球协会联盟（简称"欧足联"），这样亚洲区预选赛的对手就少很多了。

【解决方案3】努力让世界杯进一步扩招，48支球队通过成绩晋级，另外16支球队可以通过付赞助费的形式进入世界杯。

【解决方案4】组织没有打进世界杯的各个球队来中国参加新的杯赛——"没进世界杯"杯，并努力将这项赛事办成世界影响力最高的足球赛事。

喜剧的解决方案往往有两个特征：

（1）喜剧的解决方案更多是为了逃避问题，而不是真的解决问题；

（2）喜剧的解决方案会把简单问题复杂化，或者通过制造大问题来解决小问题。

"赛金花"塞斯·梅耶斯在专场《门厅宝宝》中提到了他和当时的女朋友去巴黎过生日，他女朋友非常期待他在巴黎向她求婚，他遇到的一个困境是他们正走在塞纳河的桥上，他的护照从口袋里掉了出来。他非常害怕他女朋友会误会，于是他给出了喜剧的解决方案：

我低头那么一看，我意识到，此刻最好的解决方案，是一脚把它（护照）踢进塞纳河里，然后跑去大使馆换一本新的。这比在巴黎空着手下跪要容易得多。像这样（做踢护照的动作）——"我们就住这儿了！我决定不走了！住下了！"

《老友记》第6季第6集中，钱德勒想要给乔伊一些钱，但又不能太直接，所以为了给乔伊钱，钱德勒自创了一个名为杯牌的纸牌游戏。

钱德勒：我们可以玩一个新游戏，很有意思。

乔伊：叫什么名字？

钱德勒：杯牌！

乔伊：我不知道怎么玩杯牌……

钱德勒：我可以教你！来吧！简单又好玩！

乔伊：好吧……

钱德勒：来吧，拿牌！我有两张 Q，你呢？

乔伊：2 和 5。

钱德勒：你赢了！50 块！

乔伊：真的吗？

钱德勒：没错，来，再来一轮！（发牌）你拿到什么牌？

乔伊：4 和 9。

钱德勒：你是开玩笑的，是吗？

乔伊：没有啊，怎么了？

钱德勒：这可是满杯啊！

乔伊：天哪，我可真是杯牌高手啊！

"创造一个游戏"是一种非常有趣的解决方案，它不再是基于现状的小修小补，而是从零开始创立一套游戏规则。从某种意义上说，人生就是创造一套属于自己的游戏规则的过程。死亡这个终点不能改变，但游戏规则是你能控制的。哪怕你的处境再艰难，也有创造属于自己游戏规则的空间。

1999 年，奥斯卡金像奖最佳外语片获奖影片《美丽人生》便讲述了一个在极端情况下创造游戏的故事。故事设定在 1939 年的意大利，罗伯托·贝尼尼饰演的男主角圭多和 5 岁的儿子乔舒亚被关进了犹太人集中营。为了保护儿子的幼小心灵不受伤害，圭多跟儿子说他们是在做一个游戏，并创造了一整套游戏积分规则，获得足够积分就可以赢得一辆真正的坦克。最后，圭多为了保护儿子死在了纳粹的枪下，但乔舒亚真的躲过了纳粹的抓捕，被盟军的坦克救走了。

结局虽然童话色彩浓重，但故事还是有现实意义的。哪怕现实再残酷，我们都还是可以制定一套属于自己的游戏规则，帮助自己面对生活的种种。这大概是"创造游戏规则"作为一种解决方案的正能量之处。

大多数情况下，解决的创造性要求我们创造全新的解决方案，但也有一些情况下可以"拿来主义"。我们可以用一个已经存在的事物去充当一个现象的解决方案，就像有些人会拿筷子当啤酒开瓶器，或者放学后踢野球时，用两个书包充当球门。此时的创造性，不是提出创造性的新方案，而是在两个事物间创造性地建立联系。喜剧大师宋飞在专场《宋飞之前是杰瑞》里的一个段子是关于纽约市的垃圾清扫问题的，他在讲述过程中展现了自己创造性地建立联系的能力。

纽约市的清扫车简直太荒谬了，不是吗？真的有人觉得那些车在清——扫——街——道吗？甚至它们自己有觉得自己在清扫街道吗？它们其实是不是在偷笑啊？"嘿，赶快把车移走，各位！我们要发出巨大的烦人的噪声，然后在后面滴一片水，去完成这个完全没意义的过程……"
…………

如果你走在纽约街头，踩到了口香糖，然后这块口香糖粘在你的鞋上，跟着你走过了几个街区，不管这块口香糖粘上了什么东西，这才是纽约城市清洁的唯一方式。

在已故的喜剧大师梁左先生创作的很多作品中，也都有"解决"的身影。1988年春晚中，梁左先生和姜昆先生共同创作的《电梯奇遇》中，男主角姜昆被困在"效率大楼"的电梯里，几位负责宣传、人事、后勤的科长提出了各种解决方案，包括让姜昆在大楼入伙，把姜昆借调过来，甚至决定卖票给观众参观，等等。

最后，解决方案是用定向爆破的方法把姜昆从受困电梯里炸出来。姜昆确实成功地出来了，却被炸进了另一台电梯。我觉得这是一个隐喻——人永远不可能从困境中真正脱离，所谓的解决，只不过是帮我们从一个困境去到另一个困境。

但似乎我们也没法抱怨什么：用新的困境来摆脱困境，用新的烦恼去解决烦恼，这样就很好了。

课后作业：

选取 1 ~ 2 个你有负面态度，或者你觉得难以理解的事件或现象，尝试给出喜剧的解决方案。

事件 / 现象：

解决方案：

事件 / 现象：

解决方案：

第五课　真诚和困境

少年不识愁滋味，爱上层楼；爱上层楼，为赋新词强说愁。
而今识尽愁滋味，欲说还休；欲说还休，却道"天凉好个秋"。
　　　　　　　　　　　　——《丑奴儿·书博山道中壁》辛弃疾

　　在前几课中，我们从态度出发，到观点，再到解释和解决，相信很多人都完成了作业，积累了一些素材。当然，如果到现在为止你还没有写过任何东西，也没关系。在正式开始这一课的内容之前，我希望大家可以先打开自己之前写的作业好好地看一看，因为这节课之后，你可能要把它们中的绝大部分扔进回收站。喜剧创作本就是一个断舍离的过程，早点意识到这一点是好事。

　　你现在拥有了一些素材，但心里总有一些怀疑——我现在手上这些东西能好笑吗？我们当然不希望大家在自我怀疑中不断内耗，所以不如直接给出答案：不好笑。然后我们再来解决这个确定的问题。对一个新人来说，不好笑是常态，关键是接下来怎么做。我们要面对的问题有两个：

1. 如何变得好笑？

2. 如果暂时确实好笑不起来，那么还能做点什么？

巧合的是，对新人这两个问题有一个共同的回答：真诚。从乐观的角度，真诚确实有可能让你变得更好笑，而就算还是好笑不起来，真诚一点，至少让你不会显得太讨厌。为了避免误会，我要声明一点，我虽然高度认可真诚的重要性，但并不喜欢"真诚是必杀技"这样的说法，对新人来说，真诚确实重要，但那是因为他们没有其他更好的选择。

从长远来看，真诚不是必杀技，更像是求生技。学习脱口秀就像学习游泳，游泳的初学者首先要考虑的不是动作有多标准、速度有多快，而是如何不淹死在水里，脱口秀的初学者也是一样，比起笑点的密度和质量，如何不"死"在台上要重要得多。所以，真诚在这里承担的功能更像是"踩水"，它可以帮助你"活下来"，但无法帮你"杀死"比赛。

在培训课和开放麦中，我们经常能听到一些评价，觉得某些新人演员"有点假""不够真诚"。有些新人朋友听到这些评价和建议，会觉得有一些冤枉，我经常听到如下的一些话：

"我觉得我挺真诚的，我说的都是真实的经历，我说的都是真事。"

"真的是真事，我一点都没有编。"

这些朋友混淆了"真诚"和"真实"。在喜剧中，真诚是重要的，真实远没有那么重要。如果你今天在上班路上丢了100块钱，仅仅说"我丢了100块钱"是陈述一个事实。真实，但并不真诚。直到你开始描述这100块钱对你的重要性。比如，这可能是你半个月的早饭钱，再开始说丢失这100块钱对你造成的打击，那就开始有点真诚了。哪怕你没有真的丢100块钱，你也可以**真诚**地描述丢了100块对你造成的一切影响。所以，有没有丢100块钱这个**真实**，其实并没有太大所谓。

《世说新语》里王子猷雪夜访戴的故事也许能解释喜剧中的真诚和真实。王子猷晚上读诗，突然想起朋友戴安道，连夜坐船去拜访，结果坐了一整夜，船到了门口没有进门就回来了，别人问他为什么，他说："吾本乘兴而行，兴尽而返，何必见戴？"乘兴而行，兴尽而返，就是真诚；见戴，就是真实；何必见戴，何必真实？

喜剧是一个主题乐园，不陈述事实，而是通过真诚构建人们愿意相信的故事。就像迪士尼会用城堡、动画角色、歌舞带游客进入状态，喜剧当然也会用到一些真实的细节，但更多是作为引子，让观众达到一个"**自愿终止怀疑**"的状态，在此之后，观众甚至不会去追究真实与否，反而成为舞台幻觉的维护者。就像《致命魔术》里描述魔术观众时所说的："你并不真的想把它搞明白，你想要被欺骗。"

当你在迪士尼看到玲娜贝儿时，你当然知道这不是真实的玲娜贝儿，但你并不真的在乎。当所有人自愿终止怀疑之后，我们通过投射真诚的感情建立了一个"场"，在这个"真诚场"里，每个人都更容易创造和获取快乐。

那么应该如何实现真诚呢？实现的路径可能有很多，但如果只能给新人一句建议，我给出的建议是：**段子里面要有"你"，要有"自我"。**

段子显得不真诚、不够好笑，往往是因为你的段子里面没有"你"——你的困境、你的痛苦、你真诚的情绪、你真诚的态度。我看过一些新人的表演，段子中写出了对这个世界发生的形形色色事情的态度，但依然没有收到很好的效果。这时，我会问一个问题：这件事情里有没有你？这件事有没有真正伤害到你？如果没有，那你作为一个初学者很难显得真诚。喜剧的内核不总是悲剧，但毫无疑问的是，当你被伤害到时，你会更容易意识到自己的存在。就像很多人平时意识不到自己身体各个部分的存在，但当哪里痛时，会格外有存在感。

宋飞被认为是"观察式喜剧"大师，在他的风格日臻成熟后，很多段子并没有太多自己的困境，他是作为一个相对客观的观察者在讲述。但在专场《宋飞之前是杰瑞》中，他回顾了自己职业生涯早期的一些段子，在这些段子里，我们能看到一些体现"你"存在的创作。

当你做单口喜剧时，你必须跟观众建立连接。这不是每种艺术形式都需要的。我看过很多电影，根本不管我们观众能不能跟上情节。我属于那种跟不上情节的人，尤其是《谍影重重》《碟中谍》这种电影。我是那种你们都见过的,看完电影走到停车场跟朋友聊天时才搞懂状况的人。"哦,你是说他就是一开始出现的那个人啊?哦……所以他偷完钱之后装上假鼻子、假胡子……哦,原来如此啊……"

……在电影院里面就算你看不懂,也没人会给你解释……为什么他们不能给剧情加一个字幕呢?可以给那些看不懂的观众解释剧情。什么电影要有这种功能,我肯定去看。一个小弹窗跳出来——"不用管这个人,他只出现在这一幕""这是这个演员之前演过,但你记不得的那些电影的名字"。

大家可以看到段子里面的"自我"。因为段子里有"自我",所以显得更真诚,也更容易和观众建立连接。如果只是站在一个观察者的角度,而不是一个"受害者"的角度,虽然我相信以宋飞的能力可以把段子呈现得很出色,但对新人,就很难驾驭了。

寻找"自我"是喜剧演员一生的修行,对新人,我们更要给出一些方向性的建议。很多人在收到段子里要有"自我"的建议之后,就开始罗列自己的特点和标签,甚至包括特长和人生的高光时刻。但实际收到的效果不一定很好,甚至会让人有些抵触。所以,究竟什么才是真正的"自我",哪些部分的"自我"能真正实现真诚呢?

我非常喜欢的作家尼尔·盖曼在他的大师课中说过一段关于风格的话:

许多年前，我看到过杰瑞·加西亚说的一句话，他说："风格就是你没做好的那一部分。如果你弹吉他弹到完美，如果你的音乐做到完美，那其实就没有风格了。"

这段话给我很多启发，不只是关于风格，也关于自我——**"自我"就是你没有做好的那一部分**。如果你事事都做到完美，那就没有自我了，那就不是一个人了——也许是神。恰恰是你没有做好的那些确立了你作为一个人类个体的特点和风格。喜剧中的"自我"不应该是一份简历，当然更不应该是一份讣告，而应该是一份病历。病历永远要比简历真诚。你的段子不应该关于特长和想要把自己推销出去的卖点，而应该关于一些已经治愈或者还未治愈的病痛。接下来，我给大家几个关于在创作中寻找自我的方向的建议：

你的缺陷

每个人都有自己的缺陷，当然，喜剧大师乔治·卡林的专场名字说得更直白一些——《你们都有病》。但正是这些缺陷让我们成为"人"。

同样是特点，缺陷往往比长处更容易让人觉得可爱。我们可以回忆一下看过的超级英雄电影，超级英雄的可爱之处恰恰是他们的缺陷、他们的小怪癖，这是他们人性的一面。我们会记住初代蜘蛛侠的社恐、死侍的话痨、星爵的鸡贼，更不用说树人格鲁特只会说一句"我是格鲁特"。超级英雄如果只有超能力，会显得可怕，甚至比反派还可怕，反而是这些缺陷让他们变得可爱。文学作品中的角色塑造也是如此，比如，当我们谈到一些角色的性格特点时，我们首先想到的可能是性格中有缺陷的一面。哈姆雷特、孙悟空、林黛玉，无不如此。

在喜剧创作中，你的缺陷是很重要的切入点，不管是性格上还是身体上的缺陷，都是一笔宝贵的幽默宝藏，我们每个人都是独一无二的错版邮票，你独有的瑕疵才是你"值钱"的地方。大家非常熟悉的《脱口秀大会》选手小佳、黑灯，很多段子都是关于如何面对自己身体上的缺陷的。更不用说2018年英国达人秀的冠军李·雷德利，作为一个失语者，他无法发出声音，但依然坚持用辅助语音交流软件和平板电脑说脱口秀。

我们的缺陷不一定那么引人关注，但依然可以为创作提供方向。每个人心理上或多或少都会存在一些问题，包括真正的心理问题，还有一些密集恐惧症、幽闭恐惧症、拖延症、尴尬症等，以及更小的状况，如不爱吃香菜、不喜欢接电话，或者两个人在一起不说话会尴尬，甚至一些更小、更难用语言总结的你独有的状况。

吉姆·杰弗里斯的专场《不宽容》中贯串始终的一条主线，就是自己的一个身体缺陷——乳糖不耐受。在一次他和女朋友去吃大餐的经历中，乳糖不耐受的缺陷给他造成了巨大困扰。

我首先要说明，我乳糖不耐受，这意味着我不耐受乳糖。如果我吃了乳糖，40分钟之后——非常准时，你可以用我来对你的表——我就得拉屎。所以我的两大敌人，两样我最搞不定的东西，就是冰激凌和奶酪。现在我人生的悲剧来了——冰激凌和奶酪同时也是我最爱的两样东西……

所以，理论上我不能吃冰激凌和奶酪了，但实际情况是这样的：我依然吃冰激凌和奶酪，完全清楚我一会儿得拉肚子，但我还是照吃不误。我是这样做的，如果我刚结结实实吃了一顿大餐，我就会在餐后吃一勺冰激凌，因为我知道，这样我就会把这顿饭全拉出去。我可真是个天才！这就是杰弗里斯的减肥秘方，建议你回去也试试。

所以，我还是吃冰激凌和奶酪，但我不在外面吃，你绝对不可能看见我在外面一边散步一边吃甜筒冰激凌，绝对不可能，我在家里吃——和爱我、尊重我的人在一起。我知道厕所在哪儿，我知道我们有多少卫生纸，完全做好拉肚子的准备。所以，我虽然乳糖不耐受，但我依然——你可以这么说——耐受了它。

大家可以看到，杰弗里斯在描述了自己的缺陷之后，给出了一个**负面态度**，觉得这件事**很困难**，背后的逻辑是他不能吃冰激凌和奶酪的同时，又很喜欢吃它们。除此之外，他又给出了一个**反常态度**——觉得这件事很让人得意，背后的逻辑是他可以用这个缺陷来减肥。再之后，他给出了一个小小的**解决方案**：不在外面吃，在家里吃。

你的伤疤

所有伤害到你的事情，都可以成为段子素材。但如果伤口还在流血，那么我相信你可能会有更紧迫的事情要处理，写段子的事情可以放一放。最好的素材不是还在流血的伤口，而是伤疤。你能回忆起当时的前因后果和痛苦，但伤口本身已经愈合了。

为了启发新人创作，我经常问的两个问题是：

你上一次哭／情绪失控是因为什么事情？

你哭得最惨／情绪失控最严重的一次是因为什么事情？

这些事情会成为很好的素材。当然，你也可以有意识地把伤害到你的事情记录下来，但是不急于创作，可以给一点时间来愈合和沉淀，越深的伤口可能需要越长的时间。

另一个寻找伤疤的方向是去挖掘一些自己的"**童年阴影**"。我的理论是，回忆是一个很好的选择机制，如果一件发生在你童年时期的事情被你记到现在，那么一定有它异乎寻常的地方。去挖掘它背后异乎寻常的地方，去寻找你的态度和观点，就能成为很好的素材。许多脱口秀演员都会写自己童年和青少年时期的故事。宋飞在专场《宋飞之前是杰瑞》中也讲述了自己童年的一些遭遇：

你们根本没有什么像样的童年，你们什么都没有！比起我们二十世纪六十年代人的童年，你们的童年不值一提！你们知道为什么吗？因为你们的父母会关心你们！他们对你们感兴趣！我的父母，我们那代人的父母，他们连我们的名字都不知道。他们无知又懒惰，完全心不在焉。

当年的食物毫无营养可言，他们对营养毫无概念，更不要说教育和安全。你们能想象那样的世界吗？没有安全帽，没有安全带，没有任何限制。如果突然刹车，我们就直接飞出去了。我当时要么就是吃纯糖，要么就喝纯西北风。这就是我的童年。我爸妈根本不知道我的学校在哪里，不知道我的成绩是多少，甚至不知道我人在哪里。我在他们眼里就跟浣熊一样——你知道附近有那么一只，但没人会关心我确切的行踪。我起床之后就可以尽情吃——巧克力泡芙、香甜玉米片、棉花糖麦片、水果圈圈、黄金玉米球……我现在光是想想就觉得头晕。

时间不仅帮助伤口愈合，也创造了对比的参照。童年的经历就像在酒窖珍藏多年的酒，会有不一样的风味。而当你用成年的视角去审视童年的经历时，也会有不一样的态度、观点、解释和解决方案。

你的欲望

有一些新人一时想不出自己的缺陷，似乎也没有什么痛苦的伤疤，这时候我会让他们去另外的方向寻找突破口——**欲望**。人生在世，每个人都有自己的欲望，而"求不得"就是痛苦。所以，如果干想痛苦想不出来，可以从欲望入手，曲线救国。想升职，想加薪，想旅行，想找另一半，想吃小龙虾，想喝奶茶，想买体彩赚一大笔钱……所有这些都可能让你快乐，而能让你快乐的，一定也能让你痛苦。

路易·C.K. 是在喜剧中运用欲望驱动创作的大师。他有一个段子我很喜欢，他说：

> 我有很多人生信条，但我一条都不照做。我这个人就这样。这些只是信条嘛，我信就完事了。这是我喜欢的部分。这些是我的小信条，出于让自己感觉良好的需要。但如果它们对我想做的事是个阻碍，那我就该干什么干什么去了。

我觉得这个段子很好地描述了欲望和价值观、信念的关系，人很大程度上会被自己的欲望、自己想做的事情支配，喜剧不只关于如何面对自己的缺陷和伤疤，也关于如何面对自己的欲望。在专场《老招笑了》中，路易·C.K. 讲了自己离婚之后作为一个重新回归单身生活的人的困境，在其中一段，他描绘了自己的欲望：

> 我在健身房，我基本上就是穿着短裤站在那边，什么也没干。就站在那边，（开始拽自己的衣服）然后我看到对面有个女孩，扎着马尾辫，在那边的机器上。（开始模仿锻炼身体的样子）然后我看着她，我心想：天哪，她真的好美……然后我转念一想，等一下，我现在也是单身啊，我现在也在市场流通，我也是有价值的，我可以跟她说点什么！我就这样走过去跟她搭讪就好了！
> 于是我开始绞尽脑汁地想，我应该跟她说什么，我在她这样

的女孩眼里到底是什么样子。然后我突然意识到，我在这儿愣神的时间太长了，结果成了我目不转睛地盯着她看了好久……（模仿嘴里发出奇怪声音欲言又止的样子）

在所有的欲望中，有两种比较特别——报复欲和求生欲。这两种特别的欲望也是很多喜剧创作的来源。很多喜剧演员的段子里都有"复仇"的片段，报复欲有一种特殊的展现形式，就是在事情发生（甚至很多年）之后，想象自己以现在的状态穿越回去，以牙还牙。这是一种时间维度的精神胜利法。路易·C.K. 的表演中就有过这样的片段：

女孩们总是说"不"，她们总对我说"不"。直到瑞秋的出现，瑞秋是第一个对我说"好"的女孩。八年级时我约她参加舞会，她说"好"。这是我一生中最幸福的时刻，直到现在都是，再也没有超越过。总之，瑞秋说："好，我和你去舞会。"所以我们就去舞会了，我当时 13 岁，那是我第一次和女孩子约会。结果舞会开始没五分钟，她就过来问我："你介意我和杰夫跳舞吗？"我说："好吧。"

我当时才 13 岁，我能怎么办？我能说什么？"你介意我和杰夫跳舞吗？""是的，我介意，非常介意。你觉得我们之间算什么，瑞秋？收拾好你的东西，我们现在就走。拿好东西，闭上嘴，瑞秋，别逼我！"

我当年可没有这些招。

你的缺陷、你的伤疤、你的欲望，都能帮助你找到更真诚的状态，但想要更进一步，我们还需要一个很重要的元素。

你的困境

在困境中，你的缺陷会暴露得更加明显，你的伤疤又会隐隐作痛，死去的回忆突然攻击你，你所有的欲望中最重要的一项被激发——求生欲。不会游泳或许是你的缺陷，但如果你在路上走，这个缺陷并不致命，只有你进入游泳池，或者被人从岸边的悬崖一脚踢进大海，你的缺陷才真正显现出来。缺陷、伤疤、欲望这些都是很好的食材，而困境则是锅和烤箱，可以让这些食材真正成为一道菜。

在吉姆·杰弗里斯的专场《不宽容》中，乳糖不耐受是一个缺陷，就像不会游泳一样，但真正让吉姆·杰弗里斯陷入挣扎、开始求生的是他遭遇的困境：他和女朋友约会吃法餐，摄入了大量含有乳糖的奶酪甜品，他只有40分钟的时间带女朋友回家，而他女朋友半路又要买身体乳。药店后面本来有个洗手间，但因为他的女朋友有洁癖，所以，冲突在这一刻集中爆发：

我决定去厕所，我正要去，她问："你去哪儿？"这时候再撒谎也没有意义了，所以我说："呃……我得去上个大号。"结果她说："如果你在公共厕所上大号，那我永远也不会跟你亲热了。"我当时心想，这招太狠了，这就是传说中的进退两难啊。

于是我说："好吧（我不去了），但你快点！"

他的缺陷、他女朋友的缺陷、他不同层面的欲望，在这一刻交织在一起。整个专场中困境、缺陷、欲望之间的交织还有很多，有兴趣的朋友可以好好看一下这个专场。

梁左先生参与创作，姜昆和唐杰忠合说的相声《虎口遐想》是当年脍炙人口的相声作品。我看这段作品时，觉得台词和救人的解决方案都是很平常的东西，但效果很好。最根本的原因，就是所有这些都被放在了一个巨大的困境之中——姜昆掉进了动物园的老虎洞。这是一个非常标准的喜剧困境：**困难，并且紧迫**。在这个情景下，一切稀松平常的事情都有了喜剧性。

漫威宇宙中有一个非常古老而又神秘的种族——观察者。他们有很强的力量，但是因为一些历史原因，决定不再干涉宇宙中其他任何生命体的文明进程，只做一个旁观者来见证这一切。这个种族在我看来略有一点伪善，总感觉让人喜欢不起来。

直到漫威多元宇宙 *What if* 中，奥创集齐了无限原石，可以在多元宇宙中穿梭，获得了巨大的毁灭性能力，并且发现了观察者的存在，此时的观察者被迫从旁观者变成了参与者，甚至直接成了受害者。在这之前，观察者眼中的世界或许真实，但他们本人并不真诚。而从奥创发现他们的这一刻，在求生欲的支配下，观察者完成了从客观真实到真诚的转变。

这也是喜剧新人需要去做的——做一个真诚的参与者，甚至受害者，而不仅仅是一个旁观者。把你的缺陷、你的伤疤、你的欲望放到困境之中，看看能做出什么有趣的东西来。

第六课　陌生化和场景化

横看成岭侧成峰，远近高低各不同。
不识庐山真面目，只缘身在此山中。

——《题西林壁》苏轼

　　我们的课程已经进行到一半，有些朋友可能会有一个疑问：
"我写了一些东西，但看起来完全没有一点段子的样子，我真的
是在写段子吗？"我觉得这是一个非常典型的问题，但是写段子
就是这样，行百里者半九十，对初学者，在真正写完一个段子
之前的绝大多数时间里，可能都会觉得自己的段子并不像一个
段子。

　　如果我们把写段子比作盖房子，可能会直观一些。态度、情
绪、洞察，这些部分像是段子的地基，虽然有时不一定明显，但
正是它们决定了段子的基础牢不牢固。解释、解决方案和困境，
则像是房梁、柱子和承重墙，决定了段子能不能成立。

　　但有了这些主结构之后，一间房子依然看起来不那么像房

子，或许能勉强遮风避雨，但总体还是没法住人。写段子也是一样，在有了成为段子的基础之后，一个段子可能看起来依然不那么像段子。房子需要装修，让它具有居住的舒适性，而段子也需要进一步"装修"，才能进一步完成笑点，实现搞笑的功能。

不是所有的段子创作都需要遵循我们所讲的创作步骤，包含我们所讲的元素，正如不是所有可以住人的空间都需要有一个完整的房屋结构（如露营帐篷或者房车），但作为一种训练体系，我们还是希望大家走完和了解整个流程。

对段子的进一步处理，朱迪·卡特在《喜剧的艺术》中提出了"呈现"和"混合"两种手段，我认为都是非常行之有效的方法，但在实际的创作实践中，我们也可以看到更多的可能性。所以，在谈具体技巧之前，我希望可以先统一思想和目标，这样在探究具体的技巧时，我们的方向也会更明确。

装修时，为了住着舒服，我们会用到很多具体的技巧，比如空间的分割、灯光的设计、储物空间的设计等，但指向的效果主要是两个：美观、实用。这两个效果的达成，有助于实现最终居住舒适的结果。

脱口秀也是一样，在一定程度上完成了基础架构的搭建，开始装修时，我们可以运用的技巧有很多，如模仿、呈现、混合、类比、双线结构等，这些技巧几乎都会指向两个非常重要的效果——**陌生化和场景化**。而这两个效果最终的目标是更强的喜剧性。

陌生化在文学作品中有广泛的应用，关于它的定义，我在这里援引百度百科中的陌生化理论词条：

> 苏联文艺理论家维克多·鲍里索维奇·什克洛夫斯基认为，所谓"陌生化"，实质在于不断更新我们对人生、事物和世界的陈旧感觉，把人们从狭隘的日常关系的束缚中解放出来，摆脱习以为常的惯常化的制约，不再采用自动化、机械化的方式，而是采用创造性的独特方式，使人们面对熟视无睹的事物也能有新的发现，从而感受到对象事物的异乎寻常及非同一般。

简单来说，我们对生活中的事物已经麻木了，很难产生新的发现，而陌生化就是创造新的视角、新的方式来看待事物和事物之间的关系，从而把我们从"对生活的熟视无睹"中解放出来。《红楼梦》中刘姥姥进大观园之所以有趣，很大程度上是因为刘姥姥提供的陌生化视角。

> 那刘姥姥入了坐，拿起箸来，沉甸甸的不伏手。原是凤姐和鸳鸯商议定了，单拿一双老年四楞象牙镶金的筷子与刘姥姥。刘姥姥见了，说道："这叉爬子比俺那里铁锹还沉，那里犟的过他。"

换作其他人拿到这双筷子，首先可能不太会这么诧异，就算要做一些夸张的修辞，也一定不会用到"铁锹"这样的比较对象。我们在脱口秀中，也经常可以看到跨文化、跨地域、跨背景的人之间的交流。曾经在白宫记者年会上表演脱口秀的黄西老师，他的成功很大程度上是因为他提供了一个典型的陌生化视角：一个华裔新移民是如何看待美国社会的。

"喜剧是音乐和诗歌的近亲"，这句话被用来描述节奏对喜剧的重要性。但喜剧和诗歌的相似性不仅在节奏层面，也在陌生化的层面。从某种层面上说，脱口秀是一种有笑点的诗歌。诗歌中比喻、拟人、通感等修辞，都起到了陌生化的效果。我们来举一个很简单的例子：

灯把黑夜
烫了一个洞

——《灯》姜二嫚（七岁）

从这个例子我们可以看出，从诗歌中最简单、最直觉的视角，就可以实现陌生化。而在喜剧中，小孩子的视角也是陌生化的重要手段之一。在很多喜剧大师的早期作品中，其童年生活都占了一定的比重，这是因为小孩子视角和成人视角可以形成一个非常好的对比。这里我先不做展开，在之后专门讲陌生化的小节，我还会做更详细的讲解。

可以说，陌生化的意义在于，为观众**打开了新世界的大门**。打开门固然重要，但打开门之后能看到什么同样重要。陌生化让我们拥有了一扇敞开的门，门背后是一个空的空间，这个空间有什么，要承载什么，是我们要去考虑的，这也是我们接下来要引出的内容——**场景化**。

场景化并不要求脱口秀演员去高保真地还原场景——这不仅在理论上不可能，在实际操作中也没必要，从最终效果而言，甚至是有害的。齐白石先生说"作画，妙在似与不似之间"，在脱口秀中也是一样，最好的呈现绝不是简单的还原。场景化的目标，是通过对场景中某些元素的复现——通常是通过描述和模仿——来激发观众的想象力。最终的场景化是由演员的表演和观众的想象力共同完成的。

演员的复现像是火柴，而观众的想象力像是柴火，最终的场景化则是火焰。场景化的成功需要"火柴"和"柴火"同时给力。演员复现的元素需要足够"精确"和"有启发性"，从而引发观众的想象力。与此同时，这个场景在观众的心智中也能引起共鸣，也就是说观众需要有充分的经验、信息和知识，才有足够的"柴火"把这把火点旺。

提到场景化，很多人首先会想到肢体表演和面部表情，我们当然承认这部分的重要性，在后面的小节也会有所讲解，但在脱口秀／单口喜剧这个形式中，场景化最重要的首先是**细节（画面）**，其次是**对话（独白、旁白）**。

细节对场景化的重要性不言而喻，我们说一个人穿着"绿色上衣"，这个形象是模糊的；但如果我们说"绿色卫衣"，就稍微好一些；如果我们说"一件超大码的荧光绿连帽卫衣"，那就有比较强的画面感了。要有场景和画面，我们需要细节，需要具体。在之后我也会给大家举出更多的细节实例。我非常喜欢的英剧《9号秘事》的主创，在剧中借角色之口说出了细节对喜剧的重要性：

喜剧的第一要义——具象化。你不能说饼干，你要说，酸栗果酱夹心饼干。

王胜在专场《香甜多汁》中有一个关于打篮球的段子，把身体和大脑之间的不协调做了场景化，用的就是身体和大脑对话的方式：

我的大脑会想很多花招，但我的身体拒绝执行。当我拿到球时，我的大脑想："好嘞！咱们来个交叉步过人，再来个运球转身，最后来个优雅的挑篮入筐。"但我的身体说："其实吧，咱们应该直接把球传出界——失误！傻笑时间到！"

当然，有时不一定是对话，也可以是自言自语、内心独白，把自己的心理活动用独白的形式表现出来。王胜在同一个专场中还有一个关于驼背的段子。

我这一辈子，一辈子一直都在驼背。因为我超级谦卑。我是个老好人，你知道吗？我把这个姿态当作一种默认姿态。每当我看到有人站得很直，我就觉得这肯定不对劲——我觉得他们是故意的。我会想："哦，你是故意要秀给我看的吗？我也可以这样的，我也可以假装很有自信的。"我驼背时间太长了，我觉得这又正常，又舒服，我觉得我在传递一种信息："嘿，大家都别伤害这个人，千万别，这个人可怜到家了。"

在实际的脱口秀创作中，陌生化和场景化往往是同时或者交替进行的，两者互相配合——陌生化创造新的空间，场景化装饰点缀；陌生化负责开疆扩土，场景化负责巩固战果。在之后的课程中，我会分别详细讲解陌生化和场景化的具体实现途径，在本课的最后，我想通过我心目中最经典的例子之一，来展示一下陌生化和场景化的结合。路易·C.K.在专场《老招笑了》中有一段关于40多岁恢复单身的经典段子：

对我来说，我面临的困难部分是，在经历了十年婚姻，有了两个孩子之后，我在41岁的年纪回归单身。那就像你拥有一大笔已经消失了的国家的货币，就好像我发现了五亿普鲁士法郎。

在阐明了自己的困境和态度之后，路易·C.K.用一个精妙的类比实现了陌生化——"在41岁的年纪回归单身"就像"你拥有一大笔已经消失了的国家的货币"。如果说前一句还只是构建了一个想象空间，下一句就用细节实现了场景化——"我发现了五亿普鲁士法郎"。这句场景化虽然简短，但这个细节从功能性上说至关重要。我相信只要路易·C.K.愿意，他可以沿着这个方向继续场景化下去，但毕竟前面只是一道开胃菜，后面的这段才是主菜。

我没法好好利用单身的优势，因为我就没想到我会回归单身，我根本没有做好准备……我完全没有将我身上这坨东西保养到能出来见人的程度，从来都是能用就行了……我从来没想过我还得白手起家，靠它来吸引别人，**这就好像你家后院有一辆1973 年的道奇·达特，你本打算让它靠墙烂掉，杂草都长了两米多高，它又不是什么古董福特野马，你根本没打算去修整这堆废铜烂铁——你从窗外望去甚至都看不到它。结果你突然发现，你只能靠那破玩意去上班，你现在真就指望那辆车了。然后你就想："这是造孽啊……这车里面都有蜜蜂了，我平时又没做什么打理，这哪儿都是蜜蜂啊，排气管里还住着一窝老鼠，我可没法开这玩意去上班。"**

在这个段落中，陌生化和场景化是交织在一起的。我们可以先把陌生化的骨架拆解出来，这是一个非常精彩的类比：**用一个毫无准备的身体去吸引人，就像开着一辆没保养的破车去上班一样**。骨架本身已经很精彩了，而之后场景化的细节和对话让这个类比有了血肉，从精彩成为经典。以"车"这个概念为起点——道奇·达特、1973 年——"**1973 年的道奇·达特**"完成了一个细节三级跳。单说车本身的细节还不够，还要从环境的视角再补刀——"**杂草都长了两米多高**""**你从窗外望去甚至都看不到它**"。接下来的场景化又在细节上做了升级——"**这车里面都有**

蜜蜂了""哪儿都是蜜蜂""排气管里还住着一窝老鼠"。这不是叙述式的语言,而是通过内心独白来实现的。

在接下来的几课中,我会分别就陌生化和场景化进行讲解,所举的例子可能会有所重复,因为在脱口秀的最终呈现中,这两者很多时候是相互交织、密不可分的。

第七课　陌生化的工具：视角

在上一课中，我带大家了解了陌生化、场景化的重要效果，接下来我们将会聚焦陌生化，看看想要达成陌生化效果，可以使用的工具有哪些。本课的重点是视角。

"横看成岭侧成峰"，不同人用不同视角看同一件事，看出的东西可能会完全不同。世界上没有任何人拥有全知视角，这对脱口秀而言是天大的好事。脱口秀本就是一场喜剧演员对世界的"盲人摸象"。任何视角都有可能用来创作，只是喜剧价值有高有低，而通过两个视角差，有时能带来更多矛盾、冲突。为了获得更有喜剧价值的视角，我给大家两个作为工具的问题：

你这么做，考虑过 ×× 的感受吗？

××，你怎么看？

第一个问题是为了把我们从"重要"中解放出来，第二个问题是把我们从"正确"中解放出来。意识到自己既不重要，也不正确——或者至少不需要追求这两者——这无论对创作还是人生，都有意义。

无论个体还是人类整体，很多时候都会陷入一种主角误区——总觉得自己是世界和命运的主角，甚至是主宰者，做事情时往往以我为主，从我出发。而脱口秀需要我们从这个误区中跳出来。你并不比其他个体重要，人类也并不比其他生物或者事物（如一块石头）更重要。

如果我们把自己想象成《超级马力欧兄弟》里的主人公，从我们的视角来看，会觉得这是一条打怪升级救公主的英雄征途，但如果我们跳出来，用其他角色的视角来看问题，可能这个故事就完全不一样了：你这么做，考虑过其他角色的感受吗？乌龟会怎么想？恶龙会怎么想？公主会怎么想？被你打掉的砖块会怎么想？被你吃掉的金币会怎么想？蘑菇和花又会怎么想？

恶龙或许本身也是苦命人，迫于生计才落草为寇；公主或许在城堡过得挺好，压根儿不想走，所以一直躲着，直到最后躲不掉了才走；乌龟被踢走或许很开心，心想："赶紧把我踢下去，我就能打卡下班了。"

如果我们再拓展出去，文学作品里的非主人公——《白雪公主》里的皇后、漫威宇宙里的灭霸、《名侦探柯南》里的犯罪嫌疑人小黑（犯泽先生），甚至是一些作品里的围观群众、路人甲，他们也都有自己的故事、自己的经历和自己的视角，这些视角比主人公的视角更能产生陌生化效果，从而更有喜剧价值。

在脱口秀创作中，把非主人公的视角囊括进来，是非常有价值的。尤其是当我们问出"你这么做，考虑过××的感受吗"时，当我们把"行为的对象"或者"行为会影响到的事物"的视角引进来时，往往会有意想不到的效果。

在这个维度，宋飞是当之无愧的现象级人物。如果我们现在是在吃西餐的场景下做了什么举动，我们能想象到的非主人公视角可能是"你考虑过服务生的感受吗""你考虑过厨师的感受吗"，而宋飞会更进一层，可能想到的是"你考虑过叉子的感受吗""你考虑过桌布的感受吗"。在专场《老子最后跟你说一次》中，宋飞讲过一个非常经典的视角转换的段子：

为什么麦当劳还在计数？这让人很没有安全感，不是吗？四千万，八千万，一亿，十亿，千亿，万亿，兆亿……这是要干什么？这对其他人来说有什么意义吗？"我们卖了890亿个！""OK，我买一个。"

我很想见见麦当劳的董事会主席，只是想当面跟他说："嘿，听着，我——都——懂——了！你们卖了好多汉堡，不管具体数字是多少吧。你不如就摆个牌子，上面写着'麦当劳——我们做得很棒'就行了。我不用一个一个听你数汉堡。"

他们（做这个计数牌）的终极目标是什么？让牛自愿投降吗，还是怎么着？牛自己走到门口："我们来自首，我们看到计数牌了，我们意识到我们没什么机会了。我们很乐意成为一顿开心乐园餐，如果可以的话。"

这个段子的视角转换非常经典：**麦当劳视角-消费者视角-牛的视角。**

最基础的、没有过多描述的视角是麦当劳视角。麦当劳作为一个连锁餐饮巨头，设置计数牌的目的肯定是彰显自己的实力。接下来，宋飞引入了消费者视角——你们这么做，有没有考虑过**消费者的感受？**这个视角就已经形成了陌生化效果。从消费者的视角来看，这个计数牌非常荒谬，毫无意义可言。

如果说消费者只是受到了一点小小的心理创伤，那接下来宋飞引入的视角是真正的受害者视角——牛的视角。让牛和麦当劳对话是场景化，但首先是通过"你们这么做，考虑过牛的感受吗"的视角制造了陌生化，为场景化创造了空间。

在宋飞的很多创作中，视角的选取非常出乎意料。有时候不是有生命的事物，而是将生命力赋予一些无生命物体，用它们的视角看这个世界。关于头盔的段子就是一个典型的例子：

跳伞绝对是我做过的最可怕的事情，让我问你们一个有关跳伞的问题：头盔在跳伞中有什么作用？你能……成功保住命？**你从飞机上跳下来，降落伞没打开，那就是头盔"戴"着你作为防护措施了。**之后这个头盔还会跟其他头盔说："多亏有那个人在，否则我就直接砸到地上了。""你绝对不能从飞机上往下跳，除非你下面戴着个人，这是最基本的安全措施。"

从开始考虑头盔的感受那一刻起，这个段子就成功了一大半。正如同一个点在不同原点的坐标系中坐标可能完全不同，跳出以"人"为中心的参照系，以其他事物作为原点，我们得到的视角和信息会完全不同。

还有一种语言层面的熟视无睹，来源于我们把一些动词和宾语的搭配固化下来，形成了一些短语——刷信用卡、发工资、谈恋爱、锻炼身体、保护环境……我们已经很少把这些短语拆开来看了，当我们开始关注这些短语的**宾语**时，某种陌生化就开始发生了。你有没有考虑过信用卡的感受？工资的感受？身体的感受？环境的感受？或许我们可以从信用卡的视角来审视自己的人生困境，或者从身体的角度来审视自己锻炼的行为，让它们反客为主，把自己当作一个被观察的"客体"。

在这方面殿堂级的作品，当数乔治·卡林关于"保护地球"的段子。这个段子的深度和内涵远不是一句话能总结的，但基本上还是源自这样一个出发点：当人类自大、以自我为中心地保护地球时，**有没有考虑过地球的感受？**乔治·卡林给出了自己的答案——地球好得很，根本不需要人类的保护。我个人尤其喜欢后半段用地球的视角看塑料的部分：

地球会净化自己，一直以来都是如此，地球本身就是一个可以不断自我修复的系统，空气和水会复原，土壤也会恢复，而且退一万步讲，就算塑料真的没法降解，地球也可以直接把塑料整合进来，形成一个全新的星体——地球＋塑料！

地球又不像人类一样对塑料抱有偏见，再说了，塑料也来自

223

地球啊，地球很可能是把塑料当作自己的另一个孩子了啊。这可能是地球允许人类生存繁衍的唯一原因——它自己想要塑料，不知道怎么搞，所以需要我们人类！那个自古以来困扰我们的哲学问题可能终于有答案了——"我们为什么存在？""因为塑料！"

以人的视角看地球和塑料，以地球的视角看人和塑料，所得出的逻辑完全不同。我相信如果以塑料的视角来看人和地球，也能形成很好的陌生化效果。"可降解"对塑料而言或许是灾难性的，塑料可能正在为平均寿命降低而发愁。

很多喜剧创作者相信喜剧需要受害者（很多时候受害者就是自己），但往往被大家忽略的是，喜剧也需要旁观者。从一个旁观者的视角来审视事件，可以很好地制造陌生化效果。在很多喜剧电影和情景喜剧中，旁观者哪怕不说话，只需要一个表情、一个动作、一个语气词，甚至仅仅是注视，就可以制造喜剧效果。

脱口秀中的旁观者视角，当然可以来自情节中真正意义上的围观群众，但自由度显然更高。只要跳出个人原始的视角或者最常见的视角，引入一个新的视角、新的口吻、新的叙述方式，不管是来自本人还是他人，都可以很成功地实现陌生化。我们这里给出3个脱口秀中比较典型的方向：

1. 外来者

如果我们描绘中国脱口秀早期爱好者和从业者的画像，我们可以发现相当一部分人是"在一线城市打拼的外来者"，比起在大城市成长的"原住民"，这些"新移民"更有可能从一个陌生化视角感知这个城市的一切，地铁、酒吧、出租屋、星巴克、便利店……这些大城市原住民可能熟视无睹的事物，可以成为创作源泉。除此之外，从老家来大城市看他们的亲戚朋友，可以提供更新的外来者视角，而每年过年从大城市回家，他们还能拥有一个反向外来者的视角。这些文化落差造成的势能，可以很好地转化为创作的动能。

一个典型的例子来自生于马来西亚的华裔喜剧演员钱信伊，在专场《亚洲笑星闹美国》中他有一个关于"恭喜发财"的段子。对全球华人来说，"恭喜发财"是春节期间一句再普通不过的问候语，我们已经熟视无睹，很难对它再产生什么态度（当然，除了春节期间的超市受到天王刘德华歌声的饱和"攻击"时）。但当钱信伊引入一个外来者视角，用非华人文化社群的视角来看这句话时，它就产生了不一样的陌生化效果：

在华人最重要的节日——春节期间，亲朋好友见了面，我们互相问候的话是"恭喜发财"，我相信你们一定听过，至少是听别人说过"恭喜发财"。"恭喜发财"的意思是"希望你变得富有"，这可不是什么"新年快乐"，你们理解了吗？在春节期间，最常用的问候语不是什么"嘿，新年快乐！"而是"嘿，希望你变得富有！"

外来者视角不仅可以来自地理、文化层面，还可以来自人类文明层面。文化层面的外来者视角让我们反思新年祝福的含义，而人类文明层面的外来者视角，甚至可以让我们反思"年"本身的意义。早几年的互联网上曾经流传过一首小诗：

在银河系第三旋臂边缘
一颗蓝色行星上
碳基生物们正在庆祝
他们所在的行星
又在该恒星系里
完成了一次公转

从几千米的高空看城市，城市会变得很陌生；从月球看地球，地球就成了一颗蓝色大水球；如果我们从太阳系甚至银河系之外的外星人视角来看地球和人类文明，相信会得出不一样的结论——人类并不一定是地球上最具智慧的物种，根据《银河系搭车客指南》，人类只能排在老鼠和海豚之后，位列第三。在脱口秀创作中，我们完全可以将人类文明的种种细节用外星人的视角重新审视，挖掘其中的荒谬之处。

外地人、外国人、外星人，这三个标签可能构成了外来者视角的三个层次，我们或许能从某个层次找到一些有助于陌生化的视角。

2. 学者 / 学术

从某种意义上说，脱口秀可以被看作一种口头文学，大多数脱口秀内容以口语化表达为主。因此，如果突然引入一个学者的视角，用学术的语言体系来表达，就会产生相当有趣的陌生化效果。当然，这里的"学者""学术"也只是描述一个方向，并不是真的学术。

在查理·辛吐槽大会上，威廉·夏特纳老爷子的表达风格亲切随性，有一点像过来人跟年轻人促膝谈心，传递一些人生经验，但有一段里，出现了一个突然的学术视角转换：

（对查理·辛）你要学着回馈社会，你看，我最近就参加了一个名人义卖会，在那儿我把一块肾结石以七万五千美金的价格卖出去了。你瞧，你瞧，你能理解我做了什么吗？**我在我的膀胱里，将尿酸和钙元素进行合成，将其转换成供人居住的慈善住房。**

用一系列生物化学名词来描述"肾结石"的生成过程（最基础的那种），就实现了一定程度的陌生化。由此可见，学术方向的陌生化，既要学术，又不能太学术，基本上到一个科普的水平就可以了。我们刚刚提及的钱信伊，在讲那个关于"恭喜发财"的段子之前，还有一个关于"财神爷"的段子，其中也使用了学术方向的陌生化：

财神爷，我们向他祈祷，为了更多的钱！每天我们说："嘿，财神爷，多给点钱吧！"然后他就真的给我们更多钱。一个非常变化无常的神，**完全不在乎什么通货膨胀，对基本的宏观经济学原理一无所知。**只要你在正确的时间祈祷，他就给你扔金元宝。"这是你的钱，你给我烧香我就给你钱，伙计。"

提到学术陌生化，就不得不提到《生活大爆炸》里的谢尔顿，生活中的任何事情他都可以（甚至只会）用学术的视角来看待，我们选取一段佩妮陪谢尔顿去给女友买首饰赔罪的片段，来看看他是怎么解读钻石的：

佩妮：这些是真钻石吗？

销售：是的，（这是）槽镶狭长方形钻石，总重 20 分。

谢尔顿：真神奇啊……钻石，不过就是结晶的碳罢了。每天人们去杂货店，一大袋子一大袋子买回家的就是碳，就是那些人们烧烤时丢进火炉烧的木炭块。但仅仅因为你这是原子结构排列有点整齐的碳，你就指望我甩下上千美金买……

销售：事实上这条 750 美金，我们这儿最近都在打折。

谢尔顿：哦，是吗？那给我介绍介绍那块怀表吧。

3. 小孩子

"每一个孩子的降生都是一次对文明的野蛮入侵"，小孩子不理解这个世界，只能凭自己的心智和少得可怜的经验，去努力理解世界。小孩子也不会控制自己的情绪和欲望，更关键的是，小孩子不会用文明的方式来表达。因此小孩子的视角往往是浅显、直接、野蛮的，和复杂、矫饰、文明的成年人视角形成了天然视角差，实现了陌生化。

"多年以后，面对行刑队，奥雷里亚诺·布恩迪亚上校将会回想起父亲带他去见识冰块的那个遥远的下午。"加西亚·马尔克斯在《百年孤独》开篇写下的这句话被很多人奉为经典，当然，被奉为经典的原因可能是很多人就读到了这里，甚至并没有坚持读到具体见识冰块的场景。那段描述在我看来更为经典，也是绝佳的陌生化范例：

何塞·阿尔卡蒂奥·布恩迪亚付了钱，把手放在冰块上，就这样停了好几分钟，心中充满了体验神秘的恐惧和喜悦。他无法用语言表达，又另付了十个里亚尔，让儿子们也体验一下这神奇的感觉。小何塞·阿尔卡蒂奥不肯摸，**奥雷里亚诺却上前一步，把手放上去又立刻缩了回来。"它在烧。"他吓得叫了起来。**

出生在热带的奥雷里亚诺第一次触摸冰块，因为他没有触摸冰冷物体的经验，只能用自己仅有的经验给出自己的理解，把皮肤感受到的这种温度差理解成一种滚烫。成年人可能会把"神秘的恐惧和喜悦"埋在心里，但孩子会直接表达出来——"它在烧"。

宋飞作为利用不同视角制造陌生化的大师，在创作中也时常会引入小孩子的视角，或者将小孩子和成年人的视角做对比。其中《老子最后跟你说一次》中关于糖果和万圣节的段子非常经典，将小孩子的视角体现得淋漓尽致：

在我 10 岁之前，我脑子里唯一清晰的想法就是"要——糖——果"。就是这样，家人、朋友、学校，都只是我获得糖果道路上的阻碍，我就是想要糖果，我就想"要糖果""要糖果""要糖果"……这是为什么你要教育孩子，在操场玩时不要拿陌生人的糖果，因为他们满脑子想糖果想傻了，他们只想着："这个人有糖果，我要跟他走，再见吧，我不在乎我会出什么事，我要糖果，糖果，糖果……"

所以，你小时候第一次听到"万圣节"这个概念时，你的大脑根本处理不了这个信息量，"这是什么？你说什么？你说什么发糖果，谁要发糖果？你是说我们认识的每个人，都要发糖果？你在开玩笑吗？在哪儿？什么时候？为什么？带上我一起，我要参加，他们想让我干什么都可以！我可以穿上它（万圣节服装）！我可以穿我必须穿的任何东西，我可以做任何我必须做的事，就为了拿到糖果……"

后面还有一大段关于万圣节服装的演绎，有兴趣的朋友可以自己去看一下。从小孩子的视角来看万圣节，会是完全不一样的结果。小孩子的视角是很容易调用的一个视角，毕竟，谁没有当过小孩子呢，甚至很多人可能至今还是个宝宝。

课后作业：
在你现有的内容中，尝试加入一个陌生化的视角进行创作。

第八课　陌生化的工具：类比

现在，我们来到了陌生化的第二个工具：类比。

类比和比喻/打比方是两个不同的概念，但向非专业人士区分类比和比喻，可能就像给一个外国人区分饺子和馄饨，不仅比较困难，而且没有更多的实用价值。所以，我们做一个简单的近似，凡是类比和比喻相关的，我们统称为类比。

类比不仅是一个高效的喜剧工具，而且是一种重要的思维方式。从某种意义上说，类比甚至是我们认识世界的过程中产生的一种本能反应。我们小的时候，对世界的认知很局限，经验也很欠缺，于是当遇到新的事物、新的现象时，我们会下意识地把它和我们经验中的事物做联系，类比就这样产生了，李白那两句"小时不识月，呼作白玉盘"便是如此。"床前明月光，疑是地上霜"是更伟大的类比，但和"呼作白玉盘"所用的能力并无二致。

好的创作者会学着驾驭这种本能反应，使其为创作服务。对脱口秀创作，类比尤其重要，因为类比是可以同时实现**陌生化**和**场景化**效果的修辞手法。我们在本书第一部分的"别那么认真，就是打个比方"中已经讲了类比的一些基础，"A 就像 B"作为类比的基本格式，在脱口秀创作中依然成立。

我们把 A 和 B 各视为一个集合做类比的过程，相当于寻找两者交集的过程。如果 A 和 B 两个事物距离不近不远，那这个交集就过于泛泛、平平无奇，通常 A 和 B 之间要有一定的距离，这个交集才足够微妙，才有价值。

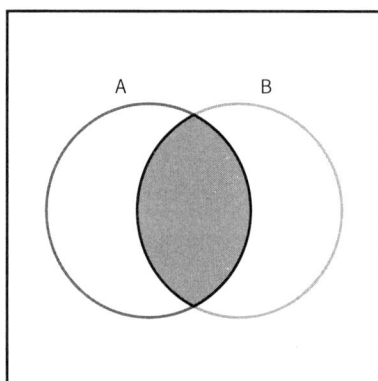

当 A 和 B 之间的距离不够远时

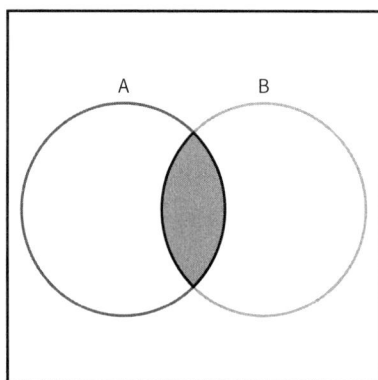

当 A 和 B 之间的距离足够远时

原则上只要找到一个共同点，类比就可以进行，但在脱口秀中，我们可以尝试先找出两个共同点，这样我们就可以在两个交点的基础上，画出一个交集，并从这个交集中挖掘更多的点。类比的方向有很多，这里我重点讲解一些更容易实现陌生化效果的方向。

1. A 就像 B，B 离 A 足够远，离生活足够近

之前我们举过"读博士就像大便"的例子，我在这里想再次引用：

读博士和大便的共同特点：

1. 都是憋出来的；

2. 肚子里有货才爽；

3. 即便肚子里面有货，也得有 paper 才行；

4. 其实 paper 上的都是屎；

5. paper 不能是别人用过的；

6. 就算 paper 是别人用过的，但只要看不出来也可以；

7. 没有 paper 的话，如果有钱也能解决问题；

8. 实在没 paper，直接拍拍屁股走人是很需要勇气的。

它在陌生化层面的成功之处在于，"大便"和"读博士"距离很远，形成了很强的反差：一个文明，一个粗鄙；一个学术化，一个生活化；一个象牙塔，一个烟火气。在脱口秀中，"A 就像

B"这个基础类比成功的核心在B，B离A要足够远，以便形成陌生化。同时，B离生活要足够近，以便为之后的场景化留出更多空间。泰勒·汤姆林森在专场《瞧你那样》中有一个关于躁郁症的段子，里面有一个很典型的类比：

得躁郁症没有错，得**躁郁症**就像**不会游泳**一样，虽然告诉别人可能会有些尴尬，也可能会限制你去某些地方，但是，世界上是有**手臂游泳圈**的，你只要戴了手臂游泳圈，想去什么该死的地方都没问题。我知道有些人可能会问："泰勒，万一有人因为我戴手臂游泳圈对我品头论足怎么办？"但那些人根本不在乎你的死活啊，所以理他们干什么呢？不如让他们滚远一点吧……

在这个段子中，"不会游泳"充当了那个离躁郁症足够远，但是离生活足够近的角色。"告诉别人可能会有些尴尬""可能会限制你去某些地方"点出了两个基本共同点，而后面"**手臂游泳圈**"（隐藏的类比对象是"药物治疗"）就是在交集中找到的新的类比点，而这个类比点才是真正出彩的地方。我们在创作中也不应该满足于找到 1 ~ 2 个共同点，而应该尝试挖掘出更多点来。

2. A 就像 B，唯一的区别是 C

当 A 和 B 两个事物距离足够远时，我们更容易聚焦在它们之间的共同点上，而如果 A 和 B 两个事物距离很近，更容易被聚焦到的是它们不同的部分。

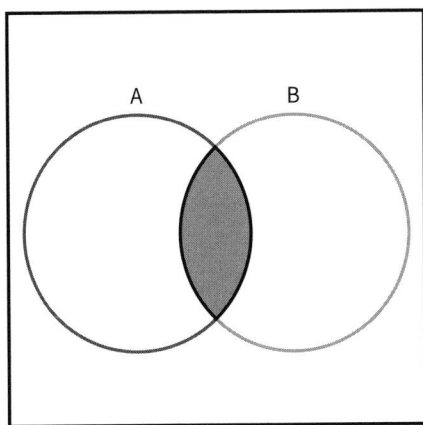

A 和 B 之间的距离很远

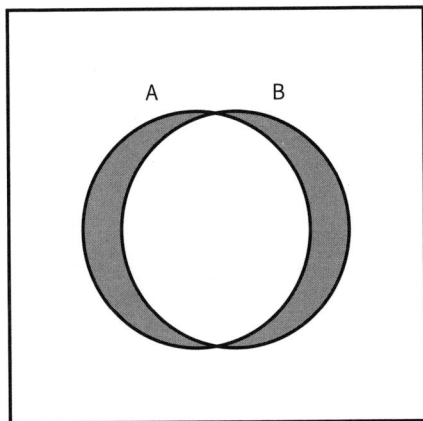

A 和 B 之间的距离很近

　　一些工具书会把这部分称为"比较"，但我依然规避概念区分，依然把它算作类比的一部分。宋飞关于约会的段子中，约会和面试的类比非常经典：

约会是什么？约会是一个持续一整晚的面试。约会和面试唯一的区别，就是没有什么面试在最后大家会赤身裸体相见。"好吧，比尔，老板觉得你很适合这个岗位，不如你把衣服脱了，见一见你未来要合作的人吧。"

哈桑·明哈杰在一个关于医生的段子中也有类似的片段：

DO① 和 MD② 很像，唯一的区别是，他们（DO）的幽默感和他们的入学成绩一样差。

从前两个点可以看出一些规律：距离远时"求同"，距离近时"存异"。无论两个事物距离足够近，还是足够远，都可以产生一定的喜剧效果，脱口秀比较忌讳的是中庸。

3. A 就像事物组合（××+ 修饰语，××+ 动作，动作 + ××，×× 的 ××，等等）

"A 就像 B"是一个有效的句式，但在脱口秀中可能会略显单薄，尤其是涉及更偏向比喻的情况。"月亮就像白玉盘""明月光就像地上霜"的类比虽然精妙，但可能会比较难做出层次，或者需要依赖后续强大的场景化。

如果 B（喻体）是一个层次更丰富的组合，那想象和延展的

---

① DO：全称 Doctor of Osteopathic Medicine，骨科医师。
② MD：全称 Doctor of Medicine，医学博士。

空间就会更大，陌生化和场景化的空间也会更大。钱锺书先生作为语言大师，在《围城》中有大量的精妙类比，我在这里引用几个作为例子：

忠厚老实人的恶毒，像**饭里的砂砾**或者**出骨鱼片里未净的刺**，会给人一种不期待的伤痛。(××的××)

鸿渐没法推避，回脸吻她。这吻的分量很轻，范围很小，只仿佛**清朝官场端茶送客时的把嘴唇抹一抹茶碗边**，或者**从前西洋法庭见证人宣誓时的把嘴唇碰一碰《圣经》**，至多像那些信女们吻西藏活佛或罗马教皇的大脚指，一种敬而远之的亲近。(××+动作+××)

鸿渐要喉舌两关不留难这口酒，溜税似地直咽下去，只觉胃里的东西给这口酒激得要冒上来，好比**已塞的抽水马桶又经人抽一下水的景象**。(××+动作)

我们可以看到，这样的类比既能实现陌生化，又能给后续的场景化留下充足的空间。如果放在脱口秀中，相信这些类比能有非常充分的延展。而在实际的脱口秀创作中，很多演员也会用这样的类比，我们在这里列举一些例子：

所有的男人都认为，他们是**自己世界里的低配版超级英雄**。(修饰语+××)

——宋飞《老子最后跟你说一次》

你们认识那种情侣吗？两个人之中，一个人比另一个人有魅力很多，酷很多。我喜欢把这些情侣叫作"裹着巧克力的葡萄干"。（××的××）

——泰勒·汤姆林森《瞧你那样》

他脸上的表情就像一杯愤怒和困惑的鸡尾酒。（修饰语 +××）

婚姻就像终极幸福——也就是离婚——的幼虫时期。（××的××）

男人在第一次约会时毫无性格可言，他就是一团糨糊，每几秒钟换一个不同的人格，不停变来变去，毫无衔接，就像从不同杂志上随机剪下来的字拼成的勒索信。（××的××）

要我穿袜子，我得把我的手越过我的脚指头，我都不知道我是怎么做到的……这就像要对折一个保龄球一样。（动作 +××）

——路易·C.K.《我的天》

最后我想分享一个我特别喜欢的类比，出自钱信伊的专场《亚洲笑星闹美国》：

我来美国本来想着能赶上奥巴马任期的美国的尾声，结果却赶上了特朗普任期的美国，这就好像你买了碧昂斯演唱会的门票，结果出来的是特——朗——普。

一般当我们说到类比时，我们会默认前后的事物应该是不一样的，但钱信伊反其道而行之，打破了这个常规，或许是觉得实在找不出什么能和特朗普做类比，只好用特朗普比特朗普，以不变应万变。这样违背预期，收到了极好的效果。

第九课　陌生化的工具：What if

在本书之前的章节"'What if'的妙用"中，我讲解了一个非常重要的幽默工具"What if"，因为这个工具本来就是在设想世界上不存在的事情，所以想要在脱口秀和喜剧创作中实现陌生化，What if 有着天然的优势。

1. 推向极致

兔年所有人都喜欢兔的谐音哏，"兔如其来""兔飞猛进""前兔无量""大展宏兔""钱兔无忧""挥金如兔""异军兔起"……相信看到这儿大家已经快看"兔"了，你甚至突然发现自己不认识"兔"字了。这个现象被称为"完形崩溃""语义饱和"——当你长时间或者高频次看一个字时，你会觉得一个熟悉的字很陌生，甚至完全不认识了。也就是说，当我们把时间或者频次推向极致时，就能产生陌生化效果。

在喜剧中，推向极致是一个很常用的手法，将一个日常的、普通的、熟悉的元素推向极致，就能实现陌生化，从而进一步实现喜剧效果。

著名科幻电影《星际穿越》中有一个很有趣的设定，人工智能机器人塔斯可以设定"诚实度"和"幽默度"，男主角库珀和塔斯有过一段关于诚实度的经典对话：

库珀：嘿，塔斯，你的诚实度参数是多少？

塔斯：90%。

库珀：90%？

塔斯：跟情感生物相处，绝对的诚实既不是最灵活的变通，也不是最安全的沟通策略。

如果我们把诚实度推向极致——100%——会产生什么效果呢？这就是我们在喜剧电影《大话王》中看到的，金·凯瑞饰演的律师在一天内被设定了100%的诚实度，不能说任何假话，如果大家去看一下影片，就不难发现推向极致带来的喜剧效果。

《笑死人不偿命》喜剧短片系列中，也有一个推向极致的例子。男主角小帅（对不起，但短片内真的没有提及他的名字）因为超速被警察拦下来，警察要给他开罚单，他谎称超速是因为自己的老婆在医院快生了，以此来逃避罚单。如果是不太较真的警察，可能没有那么多的时间和精力去核实这些东西，就放他走了，但短片中警察跟着小帅开车到了医院，在那里小帅为了逃避罚单，找到了一个单亲妈妈，偷偷说："我在逃超速罚单，你配合我演一下，演到警察走。"没想到一语成谶，警察盯了小帅几十年，直到他和医院里偶遇的妈妈和孩子组成家庭，甚至他的儿子也已经有了家庭，他已经垂垂老矣，警察最终才说："这次我放你一马，警告一下就算了。"这里也是通过很简单的设定——如果警察的较真被推向极致，设定成100%该怎么办？从而实现了很好的喜剧效果。

脱口秀也可以通过推向极致制造喜剧效果，宋飞在专场《宋飞之前是杰瑞》中有一个段子，关于"老人喜欢热的东西"，我们看看把这个特性推向极致会有什么效果：

老人为什么喜欢热的东西？蒸汽室、热水浴缸、桑拿房、按摩泳池……如果我们要派人登上太阳的话，这些退休的老人家应该可以完成任务。不需要穿太空服，只需要一条毛巾和一双夹脚拖鞋。他们会坐在木头长椅上，把浴巾放在头上，在那边喊："快把门关上！赶紧，到底是要进来还是出去，太阳的热气都要跑光了。"

2. 嫁接移植

当我们谈到文学创作的飞扬不羁时，中国传统文化中有一个成语是"天马行空"，巧合的是，古希腊传说中也有"天马"——珀伽索斯。对，就是《圣斗士星矢》中天马流星拳的那个天马，形象就是一匹长着翅膀的骏马。

用"天马"的形象来类比我们要聊到的嫁接移植，似乎再恰当不过。"What if"的一大门类，就是把A事物的一个特点、能力、风格等移植或嫁接到 B 事物上，就像"天马"是把鸟的翅膀嫁接在马的身上。我们在很多文学影视作品中都可以看到这样的嫁接移植：

把人类社会运作模式嫁接到一群动物身上——《动物农场》

把蜘蛛的能力嫁接到人身上——《蜘蛛侠》

把互联网套路嫁接到体检中心的宣传方法上——《互联网体检》

把电视购物风格嫁接到增肥药效果上——《这一夜，WOMEN（女人）说相声·立可肥》

把传统京剧嫁接到伽利略的故事上——《三堂会审伽利略》

喜剧中的嫁接有时是一个完整的段落，往往是用某个年代或者某类型作品的风格打开故事情节，让现代的人和事物穿越到古代或者未来，让一件应该在某场景发生的事发生在另一个场景中，或者用做某事情的方式去做另一件事。也有一些更为简单灵活，例如把 A 的话嫁接在 B 身上，用 A 的说话方式来说 B 的台词。比如，用和乙方提需求的口吻跟男朋友提要求等。

《老友记》第 2 季第 1 集中有一个经典片段，莫妮卡的头发被菲比剪坏了，她在房间里待着，这时菲比走出来，众人询问情况，于是发生了下面的对话，大家可以感受一下，这段对话应该是从什么场景移植过来的：

（菲比走出门）

瑞秋：她（莫妮卡）情况怎么样？

菲比：现在还不好说……她在休息，这是好的迹象。

罗斯：头发怎么样了？

菲比：我不想骗你，罗斯，看起来情况不太好。我在一边夹了发卡，目前看上去阻止了卷曲。

乔伊：我们能去看看她吗？

菲比：你的头发太好看了，这会让她不好受的。（转头对罗斯）罗斯，你进来吧。

罗斯：好嘞……（突然反应过来，呆住）

　　大家可以看出，这段对话的内容和风格，应该是发生在医生和患者家属之间的，现在被移植到了朋友和剪坏头发的"罪魁祸首"之间，实现了陌生化和很好的喜剧效果。有一些职业如医生、警察、客服、销售等，职能性很强，有一套程式化的工作流程，也有独具特色的语言表达体系，经常被用在嫁接移植中。宋飞在专场《老子最后跟你说一次》中有一个关于医生的段子，我们截取其中的两部分：

　　你以为你现在能见到医生了，但并不是，你接下来会走进下一个小一点的候诊室，现在你手边连杂志都没有了，你还得把裤子褪到脚踝，光着坐在他们铺在桌子上的肉店包肉纸上面。有时我都随身带一包泡菜，摆桌上，就放在我旁边，（耸肩）我不知道，万一医生一会儿要把我整个包起来去送外卖呢。

医生总想让你脱裤子，"把你的裤子脱了。"医生想看到没穿裤子的你，"让你脱就脱"。"我头疼……""我说了，把裤子脱了！"只有一次我想对医生说："你知道吗？我还没有准备好见你，要不你先回你的办公室等着，我随后就到，对了，把你的裤子脱了。"

在前面的段子里，宋飞把医生问诊和卖肉的场景做了一个嫁接，而在后面的段子里，宋飞把医生对患者说的话移植到了患者口中，两次处理都非常好地实现了陌生化。

钱信伊有一个关于互联网的段子，更完整地大段使用了嫁接的方式：

互联网正在让人变得非常蠢，谁能想到，所有的人类知识竟然会让人们变蠢？50年后，我们看互联网可能就像现在我们看吸烟一样。到时候就会是这样——"天哪，我真不敢相信50年前我们会让孕妇使用互联网！我们当时在想什么？怀孕的人就这么用互联网？我们在婴儿面前上网？我们让婴儿上网？"50年后，我们会在大楼外面设置一些指定区域，人们可以在那儿使用互联网，"每一个入口外50米处设有指定上网区域。""不要把互联网带入室内，二手的愚蠢（手在面前做扇烟雾的动作）真的害人不浅。"

这里是把"禁止吸烟"和"使用互联网"做了嫁接处理。如果我们用禁止吸烟的方式来控制人们使用互联网，会是怎样的？用这样的方式，让大家从对互联网的习以为常和熟视无睹中摆脱出来，以一个更抽离的视角来审视互联网，就可以看出一些不一样的东西来。

课后作业：

在你现有的内容中，尝试加入一个陌生化的视角进行创作。

第十课 场景化的对象

他撒起谎来就像一个目击者。

——俄国谚语

　　在谈到场景化的具体方法之前，我们需要先明确一件事：**场景化的主要对象不是场景**，而是一些抽象的事物和概念，如情绪、数字、想法等。甚至当我们在脱口秀中讲过去的事情时，我们也不是直接给观众展示过去发生的事情，喜剧演员真正在舞台上做的，是把**回忆**进行**场景化**。如果做一个类比，我们做的不是把一张照片直接拿给观众看，而是自己看着照片，画一张素描，观众看到的永远是素描而不是照片。

　　这节课我会先为大家打开思路，看看场景化的对象到底有哪些，哪些东西通过场景化可以获得更好的效果，下一课再介绍具体的技巧。

场景化对象 1：感知和概念

如果我们从信息交流的角度来理解脱口秀，那么场景化的重要性不言而喻：如何把一个抽象的概念传递给另一个人，如何把对世界的主观感知传递给另一个人，是非常重要的。直接在两个个体之间传递概念和感知，大概相当于精神层面的以物易物，更多是在特定人群、相对熟悉的人之间才能发生。在非特定人群，如普通的脱口秀演员和观众之间的交流中，细节、画面、场景才是硬通货。当你说到爱，说到恨，说到红色，说到一根绳子有60米长时，对方的脑子里很可能是没有画面和概念的；当我们把这些东西转化成细节和画面时，它们才更有可能在人与人之间流通。

1. 情绪和感觉

"我爱你"的最大天敌之一是"有多爱"，如果爱情有《三体》中那样的面壁计划，"有多爱"一定是破壁人最常用的一句话。"非常非常爱"这种程度副词的修饰只会显得语言匮乏，甚至心虚。在这方面，细节和场景化可能是唯一的出路，"海枯石烂"就比"爱你到永远"要好，甚至"爱你一万年"都比"永远"好一点，"曾经沧海难为水"就比"你是我最爱的人"高出很多。

通过场景化来描述爱恨情仇，不仅有效，还容易传播。"捧在手里怕碎了，含在嘴里怕化了"就是爱的场景化。廖一梅编剧的《恋爱的犀牛》中有一段马路对明明表达爱的片段，用了非常

丰富的场景化:

如果是中世纪,我可以去做一个骑士,把你的名字写上每一座被征服的城池。如果在沙漠中,我会流尽最后一滴鲜血去滋润你干裂的嘴唇。如果我是天文学家,有一颗星星会叫作明明;如果我是诗人,所有的声音都只为你歌唱;如果我是法官,你的好恶就是我最高的法则;如果我是神父,再没有比你更好的天堂;如果我是个哨兵,你的每一个字都是我的口令;如果我是西楚霸王,我会带着你临阵脱逃任由人们耻笑;如果我是杀人如麻的强盗,他们会乞求你来让我俯首帖耳。可我什么也不是。一个普通人,一个像我这样普通的人,我能为你做什么呢?

大家可以从中看到场景化起到的作用,通过一个又一个细节构建出画面,描述情感的程度和表现方式。当然,大家也可以看到,陌生化和场景化是紧密交织在一起的,"What if"给场景化创造出了空间。

在脱口秀中,用场景化描述爱恨情仇的例子也有很多(当然恨多爱少),一个略显极端但非常经典的例子来自路易·C.K.的专场《老招笑了》,由于篇幅所限,我删除了前面的大段铺垫,所以看上去略显突兀:

⋯⋯我恨她,我希望她今天原地去世,离奇地、凄惨地死去。**我希望这个人被最爱的人推下悬崖,一边往下掉一边大叫,**

完全无法接受这个事实……然后超人把她接住，再从更高的地方扔下去……

这个对"恨"的场景化非常天马行空，最经典的是超人接住再扔下去的画面。抛开情绪本身不去评判，能如此有层次感地描绘一种情绪是非常厉害的。我们要在创作中学习的，正是这种场景化的思路，说完一种情绪之后，或许可以先不要急着往后说别的，可以用场景去做描述。

如果一种感觉能够用爱恨情仇或者其他的词语来总结，已经算比较清晰的了，但这些感觉只是冰山一角，更多时候需要用场景化描述的，是一些本就说不清道不明的感觉。泰勒·汤姆林森在专场《瞧你那样》中描述了她服用抗抑郁药物之后整个人的感觉和状态：

他们（我的朋友们）说："哦，药我试过，我吃过抗抑郁药，我不喜欢吃药的感觉，吃完之后感觉我不像我了。"现在我也吃了那些药，我会觉得"是的，我也不像原来的自己了……这简直太棒了！"。

其实我觉得我还是像自己的，只不过现在我感觉像是有人坐在我身上，跟我说："嘘……安静，（做安抚的动作）不要说话了，你会毁了这一切的。我们……我们只是想帮助你。要是你能把嘴闭上，可能你现在连婚都结了。还记得吗？对，我们也记得，我们现在是在帮你，好了，睡觉去吧。选择一个别的什么大冒险吧。"

2. 形容词和修饰语

我们在日常生活中经常看到用场景化来描述形容词:

壮得像一头牛。

瘦得像一根竹竿,一阵风就能吹跑。

像刚从垃圾桶里捡回来。(脏)

追我的人从这里排到了法国。(多)

中国传统相声的很多段子,很大篇幅就是对某些形容词(如穷和富)的场景化,比如郭德纲和于谦二位老师的《托妻献子》中就有大段对穷的场景化表述,篇幅所限,我这里把郭德纲老师对穷的场景化表述单独摘录出来:

家里条件很困难,住的房子也很困难,千疮百孔,赶上一下雨算要了亲命了。外边小雨,屋里中雨;外边中雨,屋里大雨;外边大雨,屋里暴雨。有时候雨太大了,全家人都上三环上避雨去。

⋯⋯⋯⋯⋯

十冬腊月大雪纷飞,全家人在屋里待着出不去,就我有一身衣裳,他们都裹着被褥待着。我数了数,地上有 12 个煤球,什么都不够啊。老的老,小的小,我得出去奔去。外边那个样的天，我穿得很少啊，上边穿着一个塑料的皮大衣，袖口这儿有一两棉花；穿着一个短裤，磕膝盖以上，穿着一双塑料的凉鞋；背着一兜子，攥着两张81年的《北京晚报》。打开门，呜——风刮在脸上跟刀子似的。雨里边夹着雪，落在地上说湿不湿，不湿又滑，顶着风往外走，手里举着报："83年的《北京晚报》，81年的、82年的都有，看新闻哪！"

谷大白话老师在微博上分享过红迪网论坛上一个"不用分值的话该如何描述你的魅力多大"的主题帖，我们可以看到"没有魅力"这样一个修饰语，网友给出了多少场景化的可能：

老阿姨们都想让我见见她们的女儿，但女儿们完全不想见我。

害怕让我老公酒醒。

你知道那种被你遗忘在食品储藏室里，皱巴巴还开始发芽的土豆吗？差不多就那样。

介于钟楼怪人和剧院魅影之间。

如果我站在垃圾桶旁边，被丢进垃圾车里的是我，而不是垃圾桶。

如果你想描述一个人的状态很懒散，只用"懒散"这个词是远远不够的，宋飞在专场《老子最后跟你说一次》中是这么进行场景化表述的：

我经常在深夜看电视购物节目，如果足够晚，产品就开始吸引我了……我觉得晚上你会想的最愚蠢的事情，就是"我要买一个这个东西来健身，保持体形"。在凌晨3点，你躺在沙发上，上衣上有薯片碎渣，你睁着一只眼，一只脚上挂着袜子。"我要用这个东西开始锻炼，我要订购一台！健身只要它就够了，真是神奇的设备！"

大家可以看到，"懒散"是用一个场景描述出来的。如果我们说的是"深夜，你懒散地躺着看电视"，效果就会差很多。路易·C.K.在把形容词场景化这方面也有非常多的例子，我们看一下在《老招笑了》中他是如何场景化"超级搞笑"这个形容词的：

你知道"超级搞笑"是什么意思吗？意思是一件事情如此好笑，以至你听到时好像犯神经了一样；如此好笑，以至你几乎毁掉了你的人生——你现在无家可归了，因为你笑到完全失去了理智，那件超级搞笑的事情让你笑疯了，三个月之后你头发上都是排泄物和树叶，躺在水沟里……这就是超级搞笑有多好笑。

在描述事物的这张考卷上，即便使用完全正确，形容词也只能拿到及格分。对脱口秀而言，形容词可以是起点，但不应该是终点。形容词为我们了解一个事物打开了一扇窗户，观众透过窗户应该看到更细节的东西，这个修饰才显得更完整。所以，如果你现在的段子创作中有形容词和修饰语，不妨把它们全都标出来，看看哪些有场景化的潜力。

3. 数字和物理量

数字和物理量可以认为是形容词进一步提升精确度的结果。比如，"富有"是一个模糊的形容词，但我们如果用金钱的数字来描述，就可以得到一个更精确的结果。但数字的问题是不能提供直观的感知，尤其是当一个数字远超出受众的普遍认知时。我们常见的处理方法，是将数字、物理量转化为一个画面，或者将一个抽象的物理量转化为更容易产生画面感的物理量。

比如，对普通的脱口秀受众，富豪的财富数字往往是一个很难有直观冲击力的概念。这时我们经常见到的一个段子范式是这样的：

×××有×××亿的资产，这是什么概念，就是如果你每个月赚×××，需要赚 2000 年 / 从西汉开始赚起。

再比如，知名的香飘飘奶茶广告词：

香飘飘奶茶，一年卖出 10 亿杯，**杯子连起来可绕地球 3 圈**。

这里事实上做了两次转化：首先是把 10 亿杯的数字转化成了长度，即约 12 万千米；其次对"12 万千米"这个依旧比较难被理解的物理量进行场景化，得到了"绕地球 3 圈"的画面。我们来看看宋飞在专场《老子最后跟你说一次》中是怎么做的：

> 我们为什么还在用"马力"这个专业名词？是为了进一步羞辱马吗？航天飞机有 2000 万马力，还在跟马做比较有什么意义吗？还有任何可能退回到用马拉火箭的时代吗？记录一下我们需要多少马？"嘿，马先生，有一台火箭发动机坏了，你能赶紧召集 2000 万个朋友一起来吗？""（模仿马的语气）2000 万？那真的挺多的。"

场景化对象 2：回忆与展望

1. 回忆

对回忆的场景化是每一个脱口秀创作者的必修课。但在创作过程中，我们不能只简单地把脑中的回忆复述出来，因为所有的回忆都是有选择性的，你的大脑在加工时会损失掉很多细节，而这些细节反而可能是更关键的。一个回忆如果在你脑中挥之不去，一定有它的特别之处，就像一个犯罪现场一定有嫌疑人。某些细节可能会被忽略，但它们才是破案的关键。

在处理回忆时，我们的大脑要分饰两角，既做目击证人，又当警察。我们要以警察的身份问证人，现场有什么人，说了什么，发生了什么，有什么特别的声音、气味、不一样的细节。这些东西的答案可能才是最终的笑点所在。

在我举出这部分的例子之前，我要先向大家表示遗憾。因为用文字来复述艾迪·墨菲在《精神错乱》这个专场中的表现，就像在一瓶罗曼尼·康帝里放苹果、橙子、肉桂，然后煮开，是实实在在的暴殄天物。我推荐大家一定要去看一下原视频。在这里，我引用那段经典的冰激凌段子作为例子：

我拿到我的冰激凌，我不会马上吃，我都会拿着唱会儿歌，你知道，小孩子嘛。（开始一边左右摆头一边扭屁股）"我有我的冰激凌！我有我的冰激凌！我要把它吃光光！我要把它吃光光！"（用麦克风来代替冰激凌）冰激凌流得满胳膊都是。"我要把我的冰激凌……吃光光！"

这时候，附近有其他没有冰激凌的小孩，但小孩子才不管这么多，继续唱："你没有冰激凌！你什么都没有！你什么都没有！因为你们家还在领救济金！你买不起冰激凌！你买不起冰激凌！你买不起！你买不起！"旁边其他孩子也跟着唱："你买不起！你买不起！"他继续唱："并且他爸爸还是个酒鬼！你想吃冰激凌吗？你想吃——冰——激——凌吗？你想舔一口吗？骗你的！你想吃冰激凌吗？你想吃冰激凌吗？我要把我的冰激凌——吃——光——光！你没有……"（麦克风没拿住，掉在地上，整个人呆住）

（跨几步走到另一侧模仿没有冰激凌的小孩）"你的冰激凌掉地上了！你的冰激凌掉地上了！"（走回刚刚的位置，捡起麦克风，亲吻，继续唱歌）"我有我的冰激凌！我从地上捡的！我会吃了它……"

大家可以看到，这里面有几个细节是非常细致到位的：冰激凌流到胳膊上、骗其他小孩子吃一口、冰激凌掉在地上之后的反应等。让这个场景化更有张力的点在于，这个故事里不仅有他自己，还有其他围观的孩子，这就让整个画面完整了。

2. 展望

简单来说，展望有如下三种情况：

（1）幻想：想象事情和现在的实际情况非常不同；

（2）恐惧：担心一件事会发生；

（3）希望：期待一件事会发生。

美国黑人民权领袖马丁·路德·金在 1963 年发表的演讲《我有一个梦想》可能是历史上最著名的演讲之一。这个演讲极富感染力，尤其是排比句的部分。其中最打动我的不是那些更雄辩的句子，反而是一个对未来展望的画面：

我梦想有一天，在佐治亚州的红色山岗上，昔日奴隶的儿子能够同昔日奴隶主的儿子同席而坐，亲如手足。

这是我心中场景化的绝佳范例，也在我的写作过程中给了我很多启发。我自己创立"猫头鹰喜剧"之后写过一篇关于厂牌未来愿景的文章，在文章的结尾，我也给出了我心中的两个画面：

几十年后，我现在的观众带着自己的孩子来看我的演出，他们给自己的孩子介绍台上的我，说我当年是什么什么样子。

几十年后，一个喜剧演员在拍自己的职业生涯纪录片。他指着"猫头鹰喜剧"的 logo，对着镜头说："看，当年，我就是从这里开始我的单口喜剧生涯的。"

最近很流行一个词叫作"脑内小剧场"，以前可能叫作"白日梦"，我们这么去理解"展望"也完全没有问题。事实上，我非常喜欢的《白日梦想家》就用足了这个场景化的手段。男主角沃特·密提就是一个经常在电梯里或者上班路上突然开始做白日梦的人，有一些是关于自己心仪的女生的美好幻想，有一些是对可能会发生的事情的担心和恐惧。

路易·C.K. 在这方面做得非常出色，他经常是前一句还在描述真实场景，下一句就开始了展望，完全做到了无缝衔接。我们来看一下《老招笑了》中的这个段子：

有一次，我去汉堡店，一个女人正在给孩子塞薯条吃，一边塞一边说："快给我吃！"小孩说："妈妈，这好咸啊，不好吃，我吃不下去了。""闭嘴！咸就喝点汽水！"我们给孩子吃味精、糖和咖啡因，诡异的是，他们对这些东西起了反应，所以他们才会大喊大叫，然后我们就打他们。

孩子们还能有什么好啊？我们把这些物质泵到他们体内，噗——噗——噗——（模仿孩子）"啊——啊！"（模仿妈妈）"闭嘴！住手！你为什么要这样！"（模仿孩子）"因为我八年都没有吃过真正有营养的东西了，妈妈。我……脱水了，给我喝点水，百事可乐可不是水，给我一杯水，我快死了，我的嘴上总是起疮。不要再打我了，你块头太大了，你怎么能打我呢，是不是疯了？你是个巨人啊，我根本没法保护自己。"

一开始，路易·C.K. 在描述的是一个回忆，但从妈妈说出"你为什么要这样"之后，突然开始了幻想，让孩子以一个成年人的知识结构和语言能力来回答妈妈的问题。这在现实生活中显然不可能发生，我们可以认为这是喜剧舞台上的"爽文"风格。

关于场景化的对象，我们这里给出了一些大致方向上的引导，但实际创作中不必拘泥于此，大家可以挖掘更多可能的场景化对象。

第十一课　场景化的手段

在这一课的开头，我要举出的例子依然是艾迪·墨菲在《精神错乱》里的神级表现：

在座的各位有被自己的妈妈用鞋子打过的吗？我有一个扔鞋速度超快的妈妈，指哪儿打哪儿，一击即中。扔鞋太厉害了，鞋在她手里跟枪一样。我当时大概 10 岁吧，我妈就是一个用鞋的柯林特·伊斯特伍德。我要是犯错了，她就这样走进房间，（模仿经典西部片枪手的走路动作，同时用口哨吹西部片的背景音乐）"（用伊斯特伍德的口吻）你为什么要吃掉在地上的冰激凌？""我没有，我只是……""（模仿掏枪的动作）哧——哧——哧——咔——嘣——"（扭头往回走，同时用口哨吹西部片的背景音乐）稳！准！狠！

后面还有三段层层递进的演绎，有兴趣的朋友可以看一下原视频。我们仅就这个段落来分析。在陌生化层面，艾迪·墨菲运用了类比——鞋在她手里跟枪一样 / 我妈就是一个用鞋的柯林特·伊斯特伍德，嫁接移植——把西部片的题材风格和配乐嫁接在妈妈打孩子的故事里。而从更深层来看，他引入了 10 岁小孩子的视角来看整个故事。

从场景化的层面，我们可以看到艾迪·墨菲火力全开，一个人分饰多角，有细节、有对话、有无实物表演、有拟声词，甚至还有背景音乐，真正做到了在舞台上一个人就像一支队伍。接下来，我们分几个部分来给大家介绍一下脱口秀中行之有效的场景化技巧。

1. 细节

细节在很多时候对笑点至关重要，即便暂时没有到达笑点，至少也通向真实——细节的冗余会产生真实感，而真实感能让观众对演员建立信任，从而更有可能笑出来。一朵假的玫瑰花可以做到非常有细节——花的颜色、花瓣的数量、花托、叶子等，因为这些在花的设计者看来是**有用的**细节，但产生真实感的恰恰是一些无用的细节、冗余的细节。花上的虫洞、茎上的刺、脸上的皱纹、衣服的褶皱、墙体的凹凸、木头的纹理等，这些会让人有真实的感觉。很多国产剧显得很假，就是因为缺乏冗余的细节。

在热播电视剧《狂飙》中，饰演高启强的张颂文老师广受好评。很多人觉得张颂文老师演技非常好，人物心理刻画得非常到位，但大家可能不知道的是，优秀的演技是无数细节支撑起来的。张颂文老师发过一条微博，说他第一次看《狂飙》的剧本，看到过年在家本应和弟弟阿盛、妹妹小兰吃团圆饭的高启强，给小龙、小虎送电视后被殴打的那场戏"心里五味杂陈""辗转难眠"，写下了一段文字。我本想摘录其中的一段，但实在太难取舍，最后决定全文引用在这里，让大家了解一下张颂文老师为了塑造好一个角色，在脑中构建了多少细节：

马上就要过年了，阿龙刚才说年二十九那天，我们市场中午开始关门，初三再开。这两天市场每个档口都要帮忙冲洗自己门口的地面，对面猪肉档的荣哥腰不好，我会帮他把卫生也搞了，他的地面是最滑的，自己都摔过几次了，还是不愿意买块防滑垫铺在地上。我买了一大桶洗洁精，应该够我们两个档口用了。

阿盛和小兰每年寒假都回来得很晚，说是买票难，都赶在年三十晚上才回来，跟我说那天的火车票容易买。他们以为我不知道，为了减轻我的负担，兄妹俩每年寒暑假都瞒着我偷偷打工，其实我也没告诉他们，这些年下来，我已经存了五万多块钱了，够用。早点回来休息多好，早回来我可以给他们多做些好吃的，补补身子，兄妹俩也可以给爸妈多上炷香，说说话。虽然爸妈走的时候他俩都很小，总说没什么印象，但我有：爸爸喜欢背着小兰去邻居家打牌，妈妈每天晚上都会给阿盛讲故事。如果他俩早点回来，我还想带他们去几个常买我东西的熟客家坐坐，我这几个熟客是很厉害的：一个是搞旅游景点开发的经理；一个是搞园林设计的部门主管；还有一个大哥的儿子，是社保局的一个科长。这些人都不是一般人，说不定毕业后能帮上忙，帮他俩落实一下工作。

今天和猪肉荣提前说好了，给我留四个猪蹄、十斤五花、五斤前尖；卖面饼的翠姨今天还给了我一只老家的走地鸡，看爪子应该是果园里散养的。今年的菜单我想是这样的：粉葛猪骨汤、沙姜猪手、香菇炒滑鸡、香芋扣肉、清蒸鲈鱼、香煎鲮鱼丸、白灼罗氏虾、蒜蓉炒芥蓝……阿盛上个月说，他的班主任是北方人，冬至那天请他和几个同学去家里包饺子，说北方的饺子特别好吃，饺子皮是自己手擀的，不是我们市场那种机器轧出来的，煮完特别弹牙。阿盛还说，北方年三十的年夜饭也会包饺子，这次回来要给我一展手艺，这小子，从小脑子就好使，什么都是看一遍就会。我也有信心，今年我这桌饭菜一定能震惊他。今年京海特别冷，看完春晚，我还想再煮一碗汤圆给小兰吃，她喜欢花生芝麻馅的。

我准备了两个红包，彩电也买了，我想年初一给阿龙阿虎兄弟送过去，可是，我真的要这样做吗？我很矛盾……

看完这段文字，我真的非常佩服张颂文老师，要知道，这些细节不会真正出现在台词里，所有这些最后转化在表演里，可能就只是面对小龙、小虎时的几个眼神。但正是有了这些细节的支撑，那几个眼神才更有内容，不会显得空洞。

这里还要提到一个概念，就是细节决定了**场景的分辨率**。我们可以简单类比成一张照片或者一段视频的分辨率，但场景的分辨率不仅包括空间维度上的，也包括时间维度上的和因果维度上的。比如，绝大多数人对那个年夜饭场景的想象，分辨率可能就是年夜饭的桌上都有什么菜，如果你再放大画面，再追问这些食材都是哪儿来的，花了多少钱，为什么要吃这些，有什么特别的做法，吃饭前吃饭后准备要做什么，可能就没有答案了。这就是一个低分辨率的场景。但张颂文老师这个场景的分辨率高得吓人。

有人可能会问："这个场景的分辨率是不是够用就行，或者说我们在喜剧创作中追求场景的过高分辨率有什么意义？"其实非常高的分辨率本身就是一种意外和荒谬，细节本身也许没什么好笑的，但在这个地方出现还能看到细节，本身就是好笑的，就像我们用两根手指在智能手机屏幕上不断放大一张人像，最后在脖子上突然看到一个笑脸文身。

路易·C.K. 显然是创造高分辨率的大师，很多时候一些细节本身平平无奇，但我们惊叹的是他竟然把细节推到了这样的程度，在这样的地方还能出现细节。我们来看一下他在一个段子中是如何描述美国二十世纪七八十年代典型的领养家庭的夫妇的：

那种宣布事情时要双手紧握的夫妇，你们见过吗？他们会把朋友都叫来，然后说："我们决定了……"你们知道我的意思吧？他们有原木桌子，上面摆着陶罐装的蜂蜜，他们的苹果汁非常浑浊。你们知道我在说什么吧？就是那种去津巴布韦旅行，然后领养一个宝宝回来的夫妇。他们会给他取名叫凯文，等他长大了送他去波士顿学院之类的。

如果说"宣布事情时要双手紧握"已经是一个相当有洞察力的细节，那么"陶罐装的蜂蜜""苹果汁非常浑浊""取名叫凯文"这几个细节的分辨率简直是匪夷所思，"送他去波士顿学院"更是在时间的维度上跨越式地抓细节。如果我们单拿出来看文本，"凯文"和"波士顿学院"这两个细节本身其实没有太强的笑点属性，但出现在这里，本身就是荒谬的、意外的，从而是好笑的。

我们再来回顾一下在第六课我们举的路易·C.K.的陌生化加场景化的经典例子，我们可以从分辨率的角度来看看他把细节推到了一个什么高度：

我没法好好利用单身的优势，因为我就没想到我会回归单身，我根本没有做好准备……我完全没有将我身上这坨东西保养到能出来见人的程度，从来都是能用就行了……我从来没想过我还得白手起家，靠它来吸引别人，这就好像你家后院有一辆1973年的道奇·达特，你本打算让它靠墙烂掉，杂草都长了两米多高，它又不是什么古董福特野马，你根本没打算去修整这堆废铜烂铁——你从窗外望去甚至都看不到它。结果你突然发现，你只能靠那破玩意去上班，你现在真就指望那辆车了。然后你就想："这是造孽啊……这车里面都有蜜蜂了，我平时又没做什么打理，这哪儿都是蜜蜂啊，排气管里还住着一窝老鼠，我可没法开这玩意去上班。"

一般人描述后院的一辆破车，可能就是描述一下车本身怎么破——窗户坏了、门锈了之类的，车的细节分辨率够高，但是环境和背景一片空白，而路易·C.K.用"杂草都长了两米多高""从窗外望去甚至都看不到它"这种环境细节一下子把分辨率拉到了一个新高度，相当于我们看一张照片，车若隐若现，把背景放大之后，有两米多高的杂草，窗户上还有一个人在看。除了外部环境视角，还有内部透视视角——车里的蜜蜂和排气管里的老鼠，这些细节也让人完全想不到。

而且所有的杂草、蜜蜂和老鼠，都隐藏着一个时间的维度，因为杂草要长两米多高，车里能住进蜜蜂和老鼠，肯定过了很长时间，路易·C.K.用不提时间的方式，把时间的维度暗含进来，这也是他这个场景化的高明之处。

有些人可能会问："我们怎么能如此精准地找到这些细节？"事实上，这些细节不是精准找出来的，而是**筛选**出来的。2018年，我在芝加哥第二城市剧团学了即兴入门课程，其中一位写作课老师的内容给了我一个很重要的启发，叫作**"带着冗余的想法创作"**，如果我们要写一个剧本，需要一个想法，那我们在初期头脑风暴时，可能要想出10个甚至20个想法，然后一步步筛选出效果最好的那一个。段子的生长有点像物种的进化，长颈鹿不是一开始就知道它要朝着长脖子的方向进化，斑马也不是一开始就知道要穿黑白条纹。生物都是先有大量的突变——有长脖子有短脖子，有纯黑、纯白和黑白条纹，然后自然选择出最优的结果。

所以，我们在为自己的段子加细节时，也应该带着冗余的量创作，先天马行空地想，不管用不用得上，都可以先想出来，多想一些，然后拿到开放麦的现场去做测试，如果某些细节有效果就保留，没有的话就再换新的尝试，直到试出最优或者至少比较好的结果为止。

从分辨率的角度，我能够给大家的建议依然是审问式的不断追问，通过一个一个追问来让场景的分辨率更高。比如，假设你的场景里有一个人在咖啡店等人，那么你就要追问：这个人点了什么咖啡？美式还是拿铁？冰的还是热的？用的是什么杯子？他等了多久，咖啡有没有凉掉？喝的时候手有没有抖，咖啡有没有洒出来？有没有洒到身上？有没有洒到手机上？要了几张纸巾？纸巾上有没有标志？穿什么颜色的衣服？手机防不防水？等的过程中有没有一直看手机……所有这些问题都可能引出一些有价值的细节，有些细节甚至能发展出一些新的段子。

2. 无实物表演、口技

在场景化的部分，除了细节之外，无实物表演和口技也是重要手段，一个关于动作（包括面部表情），一个关于声音。无实物表演可以搭配台词，也可以搭配口技，当然也有可能搭配观众的笑声，尽量保证视觉元素和听觉元素把整个现场填满，在有限的时间内给出更大的信息量。无实物表演如果单独出现，或者只有口技单独出现，那么肯定是有意为之，希望观众的关注度更高。

宋飞在《老子最后跟你说一次》中有一个关于飞机上的洗手间的段子，我们来看看他在整个段子中使用了哪些方法和元素。

那个地方的设备数量总是让我感到惊讶，当然，小是小了点，但里面有面巾纸、擦手纸、橱柜、隔间，还有存放使用过的剃须刀片的小槽——他们那儿总有这个东西。谁会在飞机上刮胡子？而且刮得那么多，把刀片都用光了？会有这种事吗？老天爷啊，是狼人在坐飞机吗？谁能刮那么多啊？

"嗷呜——（开始一边模仿狼人的表情照镜子刮胡子，一边哼小曲儿）咔嚓——咔嚓——（模仿清理刀片的动作和声音）嗷呜——"

在前半段，宋飞先对"飞机洗手间总有存放使用过的剃须刀片的小槽"这件事，展示了感觉奇怪的态度，接下来给出了这种态度背后的洞察、见解，也就是感觉奇怪的点——不会有人在飞机上刮那么多胡子。接下来，宋飞给出了自己的解释——只能是狼人在刮胡子。然后，宋飞进行了嫁接，把狼人的表情和一个男人刮胡子哼歌的状态嫁接在了一起。最后，用无实物表演和口技进行了场景化。

其实，口技的范围很广，可以学动物叫，可以模仿人打呼噜或者哭的声音，可以哼背景音乐，也可以模仿一些非生物的声音，如汽车的引擎声、仪器设备的声音、手机铃声等。这里需要说明的是，脱口秀中的口技和真正的口技还是有区别的，我们不是需要模仿到"京中有善口技者"那种可以以假乱真的程度，而是通过口技帮助我们构建场景。在这个过程中，观众的想象力依然是我们最好的合作伙伴，所以我们不需要把声音模仿到那么像，节奏的还原比声音的还原更重要。只要模拟出大概的音效，或者把拟声词用对，观众会自行脑补。我们可以看一下在同一个专场中宋飞的另一个段子：

我大概10年前订婚了，我并不真的想结婚，订婚是我能做到最接近的事情了。我可以告诉你，如果你订婚了，但你又不想结婚，就会有点紧张感。就像你在过山车上的第一座小山上，但你不想继续再往上走了，**你就开始（身体后仰，有节奏地左顾右盼）咔嗒——咔嗒——咔嗒——**

形容过山车一点一点往上走的声音，我觉得最贴切的可能不是"咔嗒"，而是"吭哧吭哧"的那种声音，但是"咔嗒"在节奏上非常贴切，还有一种模拟时钟倒计时的隐喻。我们常说"得其意而忘其形"，在对声音的模仿方面，我们要做的是"得其意而忘其声"，把意境模仿对比把声音模仿对更重要。如果确实不喜欢这个技巧可以不用，但如果是因为觉得自己模仿不好声音，就回避不用，我觉得是没有必要的。

无实物表演有时也会搭配台词，这时候分两种情况，如果这个动作和台词（通常是对话）本身是同时发生的，比如你在说一句话时正在做一个动作，那么此时台词和表演也应该是同时发生的，我们以路易·C.K.《老招笑了》中的一个段子为例：

人们会听这样的抱怨，他们**会放下手里正在洗的碗，转过身来说**："（做在围裙上擦手的动作）我的天哪，真的吗？等了40分钟？这太糟糕了，你应该告他们！"

还有一种情况，台词是用来描述这个动作特点的，这时会有另一种顺序安排：先用台词描述，再做动作。王胜在专场《香甜多汁》中有一个关于涂眼霜的段子，我们来看一下：

无名指只能用来做海誓山盟，以及涂眼霜，**而且要用轻轻点一点的方式来涂，嘴巴还要微微张开，像这样——**（开始张嘴，用无名指模拟涂眼霜）

在实践中，无实物表演和台词的结合还有很多细节。因为脱口秀的舞台风格极简，几乎就是彼得·布鲁克所说的"空的空间"，所以在脱口秀表演中，舞台上的任何细节都很重要，麦克风、麦克风线、麦克风架、水杯、高脚凳、矿泉水瓶等这些元素都可以成为非常好的道具，可以设计出非常好的表演，甚至"喝水"这个动作也可以成为表演节奏调控的一部分。但这些道具的应用往往更复杂和微妙，不是一个入门课程能解决的，有机会我会在进阶的课程中再做详细讲解。

3. 对话、独白、旁白

我们的生活中天然充斥着说话的声音，要么是你和别人的对话，要么是广播、电视、人工智能、电子设备等的声音，如果这些声音都没有，那么你脑中一定有一个声音在做内心独白或者旁白，当然也有可能不止一个。所以，用说话的声音来实现场景化，让你的脱口秀内容充满对话和独白，是非常自然和有效的。

成年人会认为说话是人类的特权，但在喜剧中，只有人会说话是远远不够的。"认为只有人才能说话"在生活中或许是理智的标志，但在喜剧中，这恰恰是无聊的开始。我们在孩童时代完全不会有这样的偏见——飞禽走兽、花草树木、桌椅板凳，没有什么是不能说话的，甚至我们不应该偏见地认为只有大脑能控制发声器官说话——只有大脑能思考和表达这件事，是你的大脑告诉你的，这显然是一种偏见。我们应该设想身体的所有器官都能自我表达，也都有自己的性格主张，可能你的五官、内脏、手脚每天都在骂骂咧咧，只是大脑选择屏蔽了这些信号。

在脱口秀创作中，我们应该让能说话的主体尽量丰富。其他的动物可以说话，一些无生命的物体——袜子、头盔或者你坐的椅子可以说话，我们身体的器官——胃、肝、皮肤可以说话，我们的不同人格之间可以对话，自我、本我、超我之间可以对话，现在的你可以和过去或未来的你对话……我们小时候可能都自己玩过"过家家"，现在我们不妨把它作为一个创作工具，尝试给你场景中出现的所有角色或者物品都配上一些对话、独白或者旁白，看看有没有什么有趣的事情发生。

我们在前几课中已经看到了大量人与人之间对话的例子，也有一些物体之间的对话，这里我们给出一个内心独白的例子，以及一个器官说话的例子。

泰勒·汤姆林森在专场《瞧你那样》中虽然没有直接描述有多爱，但有一个片段描述了说出"我爱你"之后男女不同的心理状态，把心理活动场景化为超我和自我之间的对话，或者超我对自我的评价。

男生坠入爱河之后会为自己感到自豪，我觉得还挺萌的。他们会说"我爱你"，心里想的是："好样的，兄弟，我就知道你能做到的！"

女生坠入爱河之后，我们会说"我爱你"，心里想的是："又来了是吧？你这个蠢货！你应该先爱你自己的，你总是跳过这一步！顺序是吃，祈祷，然后再爱！我的天哪！算了，没关系，我们一年半之后再试试"。

吉姆·杰弗里斯在专场《不宽容》中，用一个关于护肤的段子，把皮肤的心里话说了出来：

我的皮肤在很年轻时就已经知道，它想靠我是靠不住的。我的皮肤知道，我是不会帮它的，所以它说："好吧，所以我们得自己生产点油脂了，如果我们想活得像那么回事。"

我在前面给大家提供了一些陌生化的工具，让大家有更多手段处理手中的素材。前五课更像捕捞工具，告诉大家如何捞上来更多的鱼，如何找到品质更好的大自然的馈赠，后面六课更像是烹饪工具和调味品，告诉大家如何烹饪可以把这些食材的味道发挥到最佳。

关于脱口秀创作还有更多技巧和方法论，但我决定先停在这儿，如果你已经看到了这里，可以给自己一点掌声，接下来的一课就是我们入门课程的最后一课，是关于真正第一次上台说脱口秀的一些注意事项。先祝你好运。

第十二课　上台：第一次和更多次

This is not the end. It is not even the beginning of the end. But it is, perhaps, the end of the beginning.

—Winston Leonard Spencer Churchill

这不是结束，这甚至不是结束的开始。但，这可能是开始的结束。

——温斯顿·伦纳德·斯宾塞·丘吉尔

　　"在接触到观众之前，喜剧是不存在的"，我在前面的课程中给了大家一些寻求素材和创作加工的方法，有些朋友可能根据我的引导和帮助完成了一些内容创作，但想要完成课程，还需要一次真正的上台表演。脱口秀的创作可能是在电脑前和书桌上开始的，但一定要在剧场里完成，在面对观众的一次次尝试和结束后的修改中完成。

　　如果拿科学来做类比，脱口秀的第一稿稿件像是做出了一个理论模型，我们要不断拿去面对真实的观众做测试，收集实验数据，对我们的模型不断做出修正。如果我们拿最终稿和第一稿去做比对，很可能第一稿内容的留存率不到50%，甚至不到20%，但这也并不令人遗憾，留存率低恰恰说明你进步更多。

文本创作只是创作的一部分，在表达节奏、表情动作等方面，创作更要依托真实的观众，"以铜为镜，可以正衣冠"，以观众为镜，可以调节奏。观众能给你节奏上的帮助，是你家里的镜子无论如何也达不到的。表达节奏的提升比文本的提升更玄学，如果我们要打一个比方，有点像盘手串，刚刚写出来的段子就像一条刚做好的手串，需要不断让观众盘它，用观众的反馈来滋养它，最终才能盘出最好的成色。

宋飞曾经说过，在人类最恐惧的事情里死亡只能排第二，排第一的是当众讲话。所以，在你决定要真正上台讲段子的那一刻，你就已经克服了内心的巨大恐惧，迈出了很大一步。事实上，我接触过的95%以上想要尝试脱口秀的朋友，他们都倒在了上台表演这一关。很多人拿着一份初稿改了又改，披阅十载，但死活不上台表演。其实，你只要真正上台说一次，不管好笑与否，至少都已经击败了95%以上的脱口秀初学者。怎么样，是不是心动了？现在我会给大家一些初次（甚至之后许多次）上台表演的建议，希望能够有所帮助。

1. 上台前的准备：上台机会、文本准备、心理准备

上台机会

对初学者，上台表演脱口秀的机会主要来自开放麦这样一种形式。不仅脱口秀，音乐和其他的一些剧场表演都有开放麦，顾名思义，开放麦就是有一支麦克风开放给所有人（当然不是真正意义上的所有人）上台来尝试做表演的形式。开放麦是脱口秀最基础的练习场，有点像篮球的野球场，会有很多新人在这里打磨自己的内容，也会有很多老演员来尝试自己的新内容。开放麦可能会在小剧场、酒吧、咖啡馆等场地举行，观众通常有十几人到几十人，能够保证有一定的反馈，同时不给新人太大的压力——毕竟在十个人面前丢人和在几百人面前丢人是不一样的。

国内的一线城市、省会城市基本都有本地脱口秀俱乐部，大多数俱乐部除了正式演出之外，也在运营自己的开放麦，给新人演员提供更多上台表演的机会，大家可以在俱乐部的社交网络平台或者演出现场咨询工作人员如何报名参加开放麦。绝大多数俱乐部会对报名的资格、稿件内容、表演时长有自己的要求，通常俱乐部会在稿件合格的基础上，给新人提供 5 分钟左右的表演机会，希望大家能遵守俱乐部的报名规则。

如果你所在的城市没有开放麦，那也有一些其他的场景，如学校的社团活动，或者公司的团建、年会等，虽然不一定特别理想，但也不失为退而求其次的选择。如果这些也没有，但你依然

想尝试，那你可以考虑在一些大型聚会（如同学会、婚礼等）进行尝试，但最好至少有一个舞台和麦克风，因为如果是在一个传统圆桌饭局上，你可能无法得到真实的测试效果。事实上，饭局往往是脱口秀演员的噩梦，因为那不是一个适合脱口秀演出的场景。对脱口秀演员最大的尊重就是不要在饭局的过程中让他们"来一段"。

文本准备

逐字稿：对脱口秀的初学者，我强烈建议你为每一次上台准备一份逐字稿。stand-up comedy 被翻译成"脱口秀"和"单口喜剧"，这两个翻译之间我并没有什么偏好，但我看到一些人望文生义地把"脱口秀"强行理解为"脱口而出的秀"时，还是会感到非常遗憾。

准备一份稿子，首先是对观众的尊重。有些人坚持认为自己"不准备也能在台上说 5 分钟"，对此我完全不质疑，我只是为观众感到遗憾，毕竟听你说那 5 分钟算是白听了。脱口秀可以有即兴的部分，但那是非常复杂的技巧。对初学者来说，就算是现挂、即兴，也是基于准备好的内容，不能纯粹乱来。

字数：每个人的语速不一样，但我们可以针对初学者给出一个大概的建议，按照**每分钟 200 字**的语速来预估。语速比这个还要快，有可能会太赶，观众听着会比较累。在实际操作过程中，我们还要留出一些余量，因为我们在实际说时，往往会在初始稿件的基础上加一些"水词"，包括一些连接词、语气词，以及对一些词语的重复等。有些"水词"在调整节奏方面是有帮助的。此外，我们也要为可能的突发事件和观众可能出现的笑声预留一些时间，所以我对稿件字数的建议是：**200 字 / 分钟 × 分钟数 × 余量系数**（0.8 ~ 0.9）。

例如，你有 5 分钟的表演时间，那么你原始稿件的字数大概是 200 字 / 分钟 × 5 分钟 ×（0.8 ~ 0.9）=800 ~ 900 字。

内容：如果你按照之前的课程建议进行了创作，那么你的一个段子应该包含了**态度 + 洞察 + 解释 / 解决方案 + 陌生化 + 场景化**，这样一个段子的字数可能会在 200 字左右，如果我们还是以 5 分钟的时间为例，你应该准备的段子数量是 4 ~ 5 个，这就足够了，不要贪多。至于一个段子里设置几个笑点，丰俭由人，不用强求。在初期，能够运用我所讲的技巧**把事情讲清楚**比设计笑点更重要。就像我们初学篮球时，把投篮动作练标准比 5 分钟投进几个球更重要。乐观点想，如果你有能力在没有任何笑点的情况下让观众专注地听你讲 5 分钟，那也是一种了不起的能力。

在内容方面，我能给大家的建议并不多，但确实有一些**不建议做的事情和不建议说的话**，希望能对大家有所帮助：

（1）"我今天没有准备，随便说说……"

避免理由：为什么不准备？观众会感觉没有得到应有的尊重。有些人这么做的理由是想要降低观众的预期，但坦白说，来开放麦的观众预期已经很低了，主持人可能也会继续做一些管理，所以没有继续降低观众预期的必要。

（2）"我今天脱口秀的主题是……"

避免理由：脱口秀不是 TED 演讲，也不是行业峰会，没有任何设定主题的必要。你的几个段子完全没有必要是关于同一个主题的，如果有，那它们应该都关于"你"。即便你的整个段子都关于同一个话题，也没有必要提前点出来，以免降低意外感。

（3）"我很紧张，大家先给我一点掌声吧！"

避免理由：在脱口秀中，观众和演员的关系应该是平等的，为自己"要掌声"只会破坏观演关系。如果是其他场景，说出"我很紧张"可能会博取一些同情心，但在脱口秀的现场，只会适得其反。表现出一种脆弱感有助于和观众建立连接，但是说出来并没有帮助。

（4）毫不合理地提及其他脱口秀演员

避免理由：你的脱口秀重点应该是你，把自己的事情说明白，比用一些脱口秀演员的刻板印象出哏有意义得多。比如，调侃××，你肯定不如××自己调侃得好，也不如绝大多数××的朋友和同事调侃得好。除非你真的认识本人，否则你的调侃意义不大。

（5）段子之间的衔接

避免理由：经常有人会在两个段子之间加一个过渡，如"说完××，我们再来说说××""说到××，我再来说说××"，其实没有必要，只会占用时间，想说什么段子直接说就行，两个段子之间，笑声是最好的过渡，不需要加过渡的语句。

格式：我对文本格式最大的建议就是**使用标点符号**。我看过很多新人的稿子，语句中间基本没有标点，只有空格，而且经常换行，感觉像叙事长诗。其实标点符号可以作为一个很好的提示，我们这里给大家一些建议：

引号　"　"　表示对话或者独白，提示自己需要做语气处理；

破折号　——　表示较长的停顿；

逗号　，　表示较短的停顿；

省略号　……　表示思考或者情绪的停顿；

括号　（　）　插入一些动作、表情等的提示。

大家不需要按照标准规范来使用标点符号，可以按照自己的需要做调整，但希望大家不要浪费标点符号这个工具。

我希望大家把稿子背好再上台，背的过程是一个口语化的过程，你可以把稿子熟读几遍，读出声，如果有不符合语言习惯的地方，可以按照自己的语言习惯进行修改和微调，最终的定稿需要背下来。当然，我相信好的段子是可以依靠逻辑记忆的，不需要死记硬背，在实际说的过程中，可以根据现场进行一些微调。如果实在担心忘词，可以考虑把几个段子的关键词写在手背上。

一个好的表演需要一些动作、表情的设计，但对初学者，因为你在舞台上的专注力很有限，如果过多在意表情、动作，可能会分散专注力，导致什么都没有做好。所以，我更建议不要把主要精力放在表情和动作的设计上，或者等到你在台上的语言表达更熟练之后，再去多放精力在表情和动作上，但可以多放一点精力在逻辑重音上，一句话中哪些重点信息需要强调，可以提前明确，并且在练习时有意识地加强。

心理准备

心理上的准备首先是降低预期，很多人担心万一观众不笑怎么办，在我看来，在你的前几次开放麦，观众不笑不是什么"万一"，而是一个大概率事件。把自己准备的东西说完，表达清楚，其他的事情交给观众就好了。

观众笑，自然是很好的结果，观众不笑，也是很好的结果，说明现在的内容需要修改和调整。不要为了让观众笑而做一些哗众取宠的事情，也不要"要掌声"，不要被这些东西绑架。如果你做好了表达，观众能跟着你的逻辑和内容走，笑声自然会来。笑声是一个自然的结果，而不是一个你要去追求的目标。

2. 在现场需要做的事情：适应、记录、控制节奏、临场反应

适应

作为初学者，提前去适应现场是很重要的。一场脱口秀通常会有 1 名主持人和 10 个左右的演员，我建议你在开场前就到现场，熟悉一下环境，和同台演员、主持人聊几句沟通一下，了解一下观众构成，也可以考虑试一下麦克风。

开放麦的主办方厂牌通常会提前安排出场顺序，如果你有特别的要求，可以提前和开放麦负责人联系，但我建议新人不用太在意顺序，服从主办方的安排即可。很多人听说脱口秀的开场位置可能会比较难，但对新人，开场不过就是把难度系数从 100 分提到了 101 分，不会有本质的区别，所以不用太在意。

和主持人的沟通非常重要，如果你是新人，很可能主持人不认识你的脸，所以主动告诉主持人你来了就非常有必要了。另外，如果有需要介绍的身份标签和特别的元素，可以提前告知，但这些元素最好跟你的表演内容有关系，如果没有关系也不用硬加，就说没有特殊要求就好了。

在你的演出前后，可以多看看同台演员以及主持人的表现。首先，其他人讲段子时，观众的反馈可以作为一个参照，如果其他人讲段子时，观众反响整体很热烈，那就说明场子很热，你讲冷了可能是你的问题；如果其他人讲的时候，观众反响都平平，那你讲冷了，有可能是现场的问题。其次，这也是非常好的学习机会，看看其他演员如何讲段子、如何把握节奏，对你也是有帮助的。所以，除非你确实要赶场，否则还是建议留下听完整场开放麦。

记录

对自己的演出录音或录像是一个非常好的习惯，通过听自己的录音或看自己的录像——它会和你想象的完全不同——可以更有效地复盘。通过录音或录像，你可以找到哪些地方观众有反馈，哪些地方和预期差很多。有些你平时注意不到的口头禅，通过录音可以更好地意识到。你在节奏上没做好的地方，在说的时候可能完全没注意，因为你的精力可能被用在了想词上面，但听录音时，你可以更好地察觉和调整。

如果你在表演过程中出现一些意外情况，如口误了等，观众笑了，录音或录像也可以很好地记录下来，这个意外或许能帮助你更好地理解脱口秀，甚至有可能成为你之后演出内容的一部分。

控制节奏

我们要先说明，"语速"和"节奏"是两个不同的概念。很多时候我们说一个人"说话节奏很快"，其实说的是语速快，就像心率 80 次 / 分钟这样的数值，但节奏应该是像心电图一样的曲线。喜剧的节奏，重点是要有变化，就像打篮球想要突破过人，运球要有节奏上的变化。

很多专业人士深信喜剧关乎节奏，但节奏很玄学，很多时候无法传授——因为即便说同一句话，每个人最适合的节奏也是不一样的，往往得靠大量实践后的顿悟。我们这里给出一些比较通用的建议。

以 Siri（语音助手）为首的人工智能语音，我们听起来会比较假，一个很大的问题就是每个字的发音时长几乎一样，字与字之间的停顿又很平均，就像一辆以 60 千米 / 小时行驶在高速公路上的车一样无趣。如果我们用这样的节奏来处理上一段，得到的结果可能是这样：

很 多 专 业 人 士 深 信 喜 剧 关 乎 节 奏 但 节 奏 很
玄 学 很 多 时 候 无 法 传 授 因 为 即 便 说 同 一 句 话
每 个 人 最 适 合 的 节 奏 也 是 不 一 样 的 往 往 得 靠
大 量 实 践 后 的 顿 悟

我们大概只有在一些念诵经文的场景会见到这种节奏，而实际情况中，我们需要把一些词组中的字更紧密地放在一起，词组与词组之间留出更大的停顿。除此之外，一些着重要强调的词，我们可以在说之前留一个较长的停顿来引起大家的注意，并且词语本身需要赋予更长的时长（在下面用——标识），这样处理之后，我们可以得到这样的版本：

很多专业人士深信　喜——剧——　关乎　节奏　但节
奏　很——　玄学　很多时候　无法传授　因为即便说同一句
话　每——个人　最——适合的节奏　也是不一样的　往往得
靠　大量实践后的　顿悟

当然，事实上这也只是一个粗略的近似，脱口秀像爵士乐，一个字就像一个音符，一定各有自己的长短、轻重、高低。

一个普遍适用的建议是，在段子铺垫时语速相对快一点，在有笑点的地方把语速降下来一点。这有点像开车时，在路上可以踩油门，但在过路口时要减速，有时候哪怕不踩下去，也要把脚放在刹车上。

临场反应

讲完一个段子观众不笑是一件很正常的事情，即便是资深演员，也会经历冷场，就像詹姆斯投篮也会"打铁"不进。但有职业素养的演员不会因为观众不笑就动不动跟观众说，甚至是质问，"你们为什么不笑啊"。抛了一个笑点，观众没有笑，那就继续说下一个。就像一个职业篮球运动员，投篮进或不进，他需要做的都是努力投好下一个。所以，不要对观众说"你们为什么不笑啊""这个不好笑吗""之前他们都说挺好笑的"，它们只会破坏你和观众之间的连接。你需要做的就是接着说下一个段子。我唯一的建议就是，讲完一个段子多留一点时间给观众反应，多空个一两秒再讲下一个段子，没准儿一些观众只是笑得比较晚。

一个更值得担心的问题是：如果观众笑了、鼓掌了，应该怎么办？对很多新人来说，有人笑可能心里更慌。在著名的喜剧演员谈话类节目《谈笑声风》中，路易·C.K.回忆起了他给宋飞开场的一次经历：

有一次我帮宋飞开场，剧场里有差不多1200人还是2500人来着，我讲完笑话，观众鼓掌了，我从来没遇到过这种情况，我不知道该怎么处理，我就傻站在那边等观众鼓完掌。我要鞠躬吗，还是说谢谢？所以，我去问宋飞我应该怎么做，他说："你应该停留在段子里，你停留在观众给反应的段子里，你不能表现出'嘿，观众在鼓掌'。如果你当时处在愤怒的情绪中，观众也是因为这个鼓的掌，你就应该停留在那个气场里。或者你当时一脸茫然，你也保持在那个状态里，停留一段时间，这让观众可以保持兴奋的状态，让他们保持住……"这段话深深改变了我，甚至让我开始思考更多关于做人的方式。

"停留在段子里"是我看到过的最好的建议，也给了我非常多启发。如果观众笑了或者鼓掌了，那我们不要急着往下说，应该让观众笑完。演员通常不应该打断观众笑，就像观众通常不应该打断演员表演。当然，这个过程不是被动的等待，而是要积极做一些表情和动作，让观众保持状态。比较常见的方向有两个，一个是"你懂的"——点头、挑眉、撇嘴笑等，另一个是"我不理解"——摇头、叹气、摊手等。

很多新人跟我说他们听过一些说法，说演员在台上不能自己笑，不能笑场。其实没有这么严格的规定，我的建议是让观众先笑，观众笑了，你再笑，这是对观众反应的正常反应。在观众笑之前你先笑，这个也有一些可能，但新人处理起来没有那么容易。

虽然很多人看过很多脱口秀演员和观众的互动视频，但我并不建议新人把时间浪费在互动上，还是应该把有限的时间留给自己准备好的内容。如果现场出现了一些突发状况，如手机响了或者有人在你讲的过程中上厕所，不一定非要给出反应，主要还是要看这个突发状况是否已经抓住了观众的注意力。如果大多数观众的注意力还在你的内容上，那我的建议是不要给出反应。如果观众的注意力已经被吸引走了，那你有必要用一个临场反应——喜剧领域叫作"现挂"——把观众的注意力抓回来，具体说什么可能需要根据临场情况来定，但整体的原则是真诚、迅速，不要硬想着一定要出哏。

唯一可能相对建议临场发挥一两句的地方，是你刚刚上台接过主持人手中的麦克风时。这时你需要和现场观众建立连接，而你和观众人生经历的最大公约数就是都刚目送主持人下台，所以此时说一句"再给主持人一点掌声""掌声再次送给我们的主持人"是可以建立连接的。如果主持人刚刚说了关于你或者现场的什么东西，你接下来可以再说一句"刚刚主持人说了……"，然后做一个小的承接或者调侃，这样就足够了，可以开始你准备好的内容了。

3. 结束后的复盘：删减、修改、准备下一次

在绝大多数情况下，脱口秀演员对自己稿件能做的事情，和理发店的托尼老师对你的头发做的事情一样——把它修一修，剪短一点，让它看起来更好笑。不同的是，托尼老师的成功率比脱口秀演员高很多。正如剧作家迪翁·布希高勒所说，戏剧不是**写**出来的，戏剧是**改**出来的。创作欲能让段子像植物一样野蛮生

长，但要成为一个优秀的脱口秀作品，离不开园艺师般的专业修剪。

在录音或录像的帮助下，结合自己现场的直观感觉，我们可以很容易判断出哪些部分达到了比较好的效果，哪些部分是没有什么效果的。对不同效果的部分，我们可以有不同的处理思路。我们先来聊聊最常见的，也就是没有收到什么效果的部分应该如何应对。

没有效果、效果未达预期的部分

影响现场效果的因素确实很多，而很多新人演员最先学会的一项脱口秀技能，就是推卸责任，或者甩锅：段子现场效果不佳，表演冷掉了，可能是观众的问题、场地的问题、出场顺序的问题……①

我对这点还是比较开放的，如果你坚信不是自己段子的问题，大可以面对不同观众再试一场到两场。如果几场下来确实都不行，那就应该好好想想怎么改段子了。在段子出现问题之后，比较好的处理方法是把我们的课程内容当作"检测仪"和"工具箱"，看看到底是哪个环节出了问题，然后用相应的工具做调整。需要注意的是，我们的课程内容更像是**工具**而不是**标准**。经常有些人指着一些脱口秀的视频说："这个段子里没有×××，也可

---

① 单就出场顺序而言，"锅"就有很多款：排位靠前冷了，是因为场子没热起来；排位靠后冷了，是因为观众太累了；前一个人炸场，场子太热，难接；前一个人冷场，场子凉了，难接……总而言之，没有任何位置是合适的。

以很好笑啊。"如果段子成立，那就不需要工具来修，往往是段子不成立时，才需要使用工具来修理。

没有态度和洞察是新人经常会出现的第一个问题，很多朋友的段子里空有饱满的情绪，没有态度和洞察做支撑。有情绪不是坏事，但不要停留在情绪里，一定要去挖掘背后的态度和洞察。《三体》中有一个设定，是将太阳作为信号放大器，把人类的信息传递给外星文明。在脱口秀中，情绪也是一个**信号放大器**，但最终还是要有传递的信息，情绪的放大才有意义。钱信伊在一个段子里情绪爆表地吐槽了皇后乐队的《波西米亚狂想曲》，但在吐槽之后，他也给出了洞察：

（我觉得）《波西米亚狂想曲》烂透了！**这是一首完全没法跟着跳舞的歌！**看在上帝的分儿上，不要再在派对上围成一圈齐唱这首歌了，好吗？如果你非要唱，就在自己洗澡时唱，好吗？

新人经常会出现的第二个问题，就是**只给出一个批判性的洞察，而没有解释或者解决方案**。在上面的例子中，我们可以看到"这是一首完全没法跟着跳舞的歌"是一个洞察，说明了这首歌的荒谬之处。但仅仅指出荒谬之处，对喜剧来说是不够的。把固有观念夷为平地当然有喜剧价值，但喜剧人不应该满足于当拆迁队，还应该尝试在废墟上建造新的东西——解释或者解决方案。

如果我们的洞察是"《波西米亚狂想曲》是一首完全没法跟着**跳舞的歌**"，那我们展开的方向可以是如下两个：

解释：这首歌完全没法跟着跳舞，当初是怎么被写出来的？写的时候创作者在想什么？是不是就是不想被翻唱？是不是想故意为难人？

解决方案：这首歌完全没法跟着跳舞，那么它可以用来干什么？它可以用在什么地方？

钱信伊给出了一个小的**解决方案**——不要在派对上唱了，可以在自己洗澡时唱。大家可以看到，哪怕是一个看上去很愤怒，基本是在宣泄情绪的小段子，背后也有洞察和解决方案的支撑。

新人经常遇到的第三个问题，就是**缺乏真诚**，也就是我经常跟新人演员说的——"这个段子里没有你"。如果你不确定真不真诚，有没有自己，那就想想段子里有没有自己的**困境**，毕竟快乐可能不是自己的，但困境一定是自己的。

困境要具体，比较忌讳泛泛而谈。我们在脱口秀中经常可以听到一些概念，比如内卷、容貌焦虑、催婚等，但对一个演员，如果只是说催婚不合理，那远远不够具体。父母的催婚和亲戚的催婚，就是完全不同的困境，微信催还是当面催，有另一半和没有另一半的情况下催，也都是完全不同的。同样是容貌焦虑，不同的人面临的容貌焦虑也是不同的。作为一个创作者，不要陷到这种人云亦云的大概念里，多去想想你遇到了什么具体的细节，这个困境怎么伤害到了你，这些东西通向真诚，也有可能通向好笑。

前面课程中的其他部分也能给大家提供一些修改的可能。如果已经修改了几次，但都没有好的效果，我的建议是这个素材不要扔。

有一种可能是这个素材本身是很好的，但你现在缺乏处理这个素材的技巧和能力，就像你杀了一头猪，大肠的处理可能更需要技巧，而你现在还不会，不如先冷冻起来，等有了这个技巧再来处理，会别有一番风味。

另一种可能是某些素材本身就像火腿一样，需要一些时间来熟成。很多新人总想着发生了一些事情之后，就趁着新鲜劲把这个段子写出来，其实这不一定是最好的处理方式。趁着记忆鲜活，多记录一些细节，这是没错的，但不是一定要现在写成段子，有时还真不能操之过急。放一段时间再拿出来看看，在你经历了更多事情，读了更多书之后再来处理，也许会有不一样的结果。

有效果的部分

如果在前几场甚至第一场开放麦就出现了效果不错的部分，那非常值得恭喜，因为这是一件非常了不起的事情。这些部分可以作为基础，给你进一步创作的空间。

有一些笑声可能来自一些现场的突发事件，如观众的打岔、你的口误或忘词等，这些笑声往往是一次性的，难以复制。除非你可以把现场的东西用文本固化下来，成为你计划的一部分，但这个往往会比较难，作为初学者，不应把精力过多放在这上面。

还有一些笑声确实出现在你讲段子的过程中，但完全不在你的计划之内——还没有到你预设的笑点，观众突然笑了。如果出现这种情况，是非常值得分析的，因为你可能触碰到了一些有喜剧性的点。你可以对照之前的课程，分析一下，自己碰巧在哪一点做对了，并在之后的创作中注意相关的点。

前面两种笑声都有自己的价值，但多少有点误打误撞、错进错出，像是足球比赛弹在对方球员身上进了球，或者篮球比赛后场一抡进了篮筐。但对初学者，练好规范动作其实比进球更重要。动作练规范了，今后会进更多的球，并且是以一个更稳定的命中率进球。反过来，如果只是追求进球，甚至是大力出奇迹，动作没有练规范，那是不可能成为一个优秀球员的。在喜剧中也一样，我们更希望看到你坚持一个合理的创作理念，哪怕一开始并没有逗笑观众。但如果你为了一些"便宜"的笑声，放弃锻炼出一套更合理、更适合你的创作方法论，那是非常得不偿失的。不要为了追求长得快就长成韭菜，那会扼杀你成为玫瑰的可能。

我们说回来，如果你的一个预设的笑点有了效果，那是非常重要的时刻。这个重要性不亚于一个牙牙学语的孩子第一次有意识地说出了一些成年人能理解的话。有些初学者可能觉得一个段子有效果了，有了一个笑点，这个段子就算是成了。但事实上，有了一个笑点就像是通过科目四拿到了驾照，与其说是成功毕业，更像是你获得了一个资格，可以上路去尝试更多的事情。当我们有了一个笑点做基础时，可以尝试两种生长模式，让段子继续生长。

第一种生长模式，我把它叫作"宜家型生长"。去过宜家的朋友应该都被它的动线设计深深折服过——动线就是像迷宫一样，也有人称其为"肠型动线"。宜家这样做的目的，简单说，就是尽量延长消费者在入口和出口之间的逗留时间。类比我们的脱口秀创作，入口就是你的态度和洞察，或者也有些人把它叫作前提、铺垫，既然我们好不容易把逻辑建立起来了，把观众带进来了，就不要轻易让观众出去。我们可以在原有的笑点之前，尝试加入一些新的笑点，甚至如果有可能，可以加入一些新的小洞察的组合，来延长观众在这个大洞察、大前提之下停留的时间。

这样做的好处是，哪怕这个新的笑点不成功，你也知道在最后还会有一个出口——你原有的笑点等着大家。这样你的心理负担会小很多，而在一种相对轻松的心理状态下，你反而更有可能试出一些新东西来，或许你新加入的东西，比你最初的那个笑点还要精彩。

第二种生长模式，我把它叫作"**跳一跳型生长**"。"跳一跳"是曾经风靡一时的微信小游戏，游戏非常简单：一个小人站在一个盒子上，你按屏幕蓄力，松开时小人会往下一个盒子上跳，如果成功跳到下一个盒子上，屏幕上会继续出现新的盒子，直到你没有成功跳上下一个盒子摔了下去，游戏结束。

你现在拥有的这个笑点就是小人所站的盒子，停留在这里固然是成功的结束，但从创作的角度看，我们其实应该再往前跳一步试试看。失败了也没什么损失，但如果成功了，就可以把这个段子往后延展一部分。

当我们看到一些成熟的段子时，我们可能很难倒推出段子的创作过程——这个可能只有创作者本人才知道，但在某些段子中，我们或许能看出一些"跳一跳型生长"的痕迹。我们还是拿路易·C.K. 的那个经典段子来举例：

> 我没法好好利用单身的优势，因为我就没想到我会回归单身，我根本没有做好准备……我完全没有将我身上这坨东西保养到能出来见人的程度，从来都是能用就行了……我从来没想过我还得白手起家，靠它来吸引别人，**这就好像你家后院有一辆1973 年的道奇·达特，你本打算让它靠墙烂掉，杂草都长了两米多高，它又不是什么古董福特野马，你根本没打算去修整这堆废铜烂铁——你从窗外望去甚至都看不到它。**结果你突然发现，你只能靠那破玩意去上班，你现在真就指望那辆车了。然后你就想："这是造孽啊……这车里面都有蜜蜂了，我平时又没做什么打理，这哪儿都是蜜蜂啊，排气管里还住着一窝老鼠，我可没法开这玩意去上班。"

现在我必须向读者和大师道歉，因为我此刻必须厚着脸皮大胆揣测一下大师的创作过程。我的猜想是：第一个版本可能就到"你根本没打算去修整这堆废铜烂铁"，这个笑点是跳一跳的起点；接下来，路易·C.K. 做的正是让观众留在段子里，既然大家对"荒废"这个意向的场景化有共鸣，那么就应该继续在"荒废"上做文章；路易·C.K. 应该做了几次关于"荒废"的进一步场景化，最终"你从窗外望去甚至都看不到它"作为最成功的盒子被保留了下来；以此为新的起点，路易·C.K. 又继续跳到了"蜜蜂"，又从"蜜蜂"跳到了"老鼠"，如果我们按照跳一跳的逻辑重新排版一下，这几步可能是这样的：

起点：这就好像你家后院有一辆1973年的道奇·达特，你本打算让它靠墙烂掉，杂草都长了两米多高，它又不是什么古董福特野马，你根本没打算去修整这堆废铜烂铁。

第一跳：你从窗外望去甚至都看不到它。结果你突然发现，你只能靠那破玩意去上班……

第二跳：你现在真就指望那辆车了。然后你就想："这是造孽啊……这车里面都有蜜蜂了，我平时又没做什么打理……"

第三跳："这哪儿都是蜜蜂啊，排气管里还住着一窝老鼠，我可没法开这玩意去上班。"

我相信最终呈现出来的部分，其实都是尝试了几跳之后的结果。执导过《偷心》的著名导演迈克·尼科尔斯曾经说过："冒险是唯一安全的事情。"在创作中，我们应该做的就是一次又一次地跳出去，让自己的段子实现新的飞跃。

未来的目标

在对稿子没有效果和有效果的部分都进行了删减和修改之后，你现在应该有了一份新的符合字数要求的稿件，为了和之前的稿件做区分，你可以用"姓名＋日期"的方式给你的文稿命名，这样也更容易和开放麦的录音对上。而接下来，就是一场一场地练习开放麦，一个版本一个版本地迭代你的稿件。一些初学者可能会问："奋斗的结果和目标是什么呢？"

你需要达到的第一个小目标，是在几场甚至几十场开放麦的迭代之后，拥有一段有自己特色的、真诚的"tight 5[①]"，这可以说是一个脱口秀新人从 0 到 1 的过程。有了这 5 分钟，尽管你还没法像一个职业演员那样靠这个参加商演去赚钱，但基本可以算是一个合格的脱口秀"票友"了。这 5 分钟内容不仅应该好笑，还应该是你真实想表达的，能够让观众从中看到你的一些侧面。有了 tight 5，说明你已经找到了一点自己的表达方式，开始形成自己的风格，更重要的是，有了一套**适合自己的创作方法论**。有了这套方法论——虽然还很初级——你就有可能创作更多属于你的内容。

有了 tight 5 之后，你就可以向第二个小目标迈进了：**一段 15 分钟的扎实内容**。之所以是 15 分钟，是因为这是大多数国内脱口秀拼盘演出（能赚取劳务费的那种）对演员的时长要求。但不管是 10 分钟还是 15 分钟，都意味着你拥有了成功复制 tight 5 的能力，能够持续创作出新的内容。

如何从 5 分钟开始不断扩充自己的内容呢？我的建议是开放麦时新、老段子按一定比例来说，如果 5 分钟可以说 4 ~ 5 个段子，那我建议可以用 1 ~ 2 个之前经过检验的成熟段子搭配 3 个新段子，成熟段子可以作为**对照组**，新段子作为**实验组**，如果成

---

① 笑点比较密集、扎实的 5 分钟表演内容。

熟段子效果很好，新段子效果不行，那很有可能是段子的问题；但如果成熟段子也效果不佳，甚至其他演员的表演效果也不佳，那说明可能是场子确实比较冷。这样一场一场测试下来，就可以不断增加你的段子储备量。之前被你放起来的一些素材，现在也可以拿出来再看看，是不是可以用了。

如果你有了 15 分钟的成熟内容，恭喜你，你有机会在各个脱口秀俱乐部接到商演了，从某种意义上你算得上是一个兼职脱口秀演员了。未来你有机会做自己的主打秀、开专场、辞职（如果你现在还有工作的话）做一名全职脱口秀演员、做巡演、上综艺……但这会是一个漫长的过程，并且会开始拼天赋和精力，而且这个职业也不见得适合每个人。凭着满腔热情开始努力当然是好的，但并不是每个人都需要跳到最后的台阶上——何况也不是每个人都能跳到最后的台阶上。

至于你应该努力到哪一步，恐怕没人能给你准确答案。当然，时间也许能给你一点提示，你尝试了一段时间，比如说了三个月或者一年之后，自然能找到自己最舒服的状态。如果你很享受在舞台上表达自己，但又不想给自己太多压力，那可以把脱口秀当成爱好，安心做一个开放麦选手；如果你的创作反响不错，积累了一定时长的段子，自己又想多一个小的副业，那可以考虑做一个兼职演员；如果你天赋异禀，异军突起，很快在商演舞台站稳了脚跟，各大公司都争先恐后地想跟你签约，那你得赶紧醒一醒；如果你试了一段时间发现创作确实太难了，还是当观众比较好，这也很好，至少我们多了一个更懂脱口秀的观众。

从学习脱口秀的整个过程来看，其实段子也只是产出之一，甚至都不一定是最重要的那个。在这个过程中，你开始关注自己的思考逻辑，你开始注意自己的表达方式，你开始学着用自己的视角看世界，你学着用幽默感来面对人生，你获得了一些表达和创作技巧的训练，将来可能会在一些意想不到的地方用得上……所有这些收获，可能远比你写出来的段子要有意义得多。哪怕你看完课程的内容，没有动笔写任何一个字，甚至已经不记得我一开始讲了什么，也没有关系，我引用英国教育家威廉·考利的名言来宽慰一下大家：

在学校，你们与其说是在积累知识，不如说是在批判精神下历练思维。凭借常人的天赋，你们可以习得并记住一些知识，但也不用为那些在已经忘记的许多知识上花费的时间感到惋惜，因为被忘却知识的影子至少会保护你，避免你陷入很多错觉。

好了，我们的课程至此真正到了尾声。对一个完整的脱口秀培训体系，我说得太少了，但对一个初学者课程，我已经说得太多了。更多的内容，希望能在下一本书中和大家做更深入的探讨。现在我这本书的文稿（至少是初稿）快要完成了，轮到你新建你第一场脱口秀的文档了。

很多朋友心里依然没底，总觉得"这样就可以了吗""我是不是应该多看点书再动笔""我现在肯定不行""我不可能写得出来"，其实，学习任何东西都是从"不可能"开始的，你可以回想一下你是如何学游泳、学骑车、学编程、学打游戏的，包括我写这本书也是一样。一开始，我经常会想"我真的可以完成吗"，后来索性不想这个问题了，就先一小节一小节地往下写，然后就一直写到了这里。从某一刻开始，我觉得自己是可以完成的，具体在哪里我已经不记得了，但我知道，如果不动手开始写，这一刻永远不会到来。

最后，我决定用纳尔逊·曼德拉的一句话来收尾，这句话在我写这本书的过程中给了我很多鼓励，我也希望这句话能在未来给你一些勇气：

It always seems impossible until it's done.
在事情完成之前，一切都看似不可能。

后　记

　　能完成这本书，我要感谢的人很多，因为篇幅所限，在这里不一一致谢，幸运的是，他们都很清楚自己是谁。我特别要感谢每一位读者，尤其是读到这篇后记的你，哪怕是打开书直接翻到后记的你。

　　如果你读到了这里，那么你可能正准备开始，或者已经开始一个痛苦的创作过程。创作是痛苦的，我不会把创作描述成一个快乐的过程，那会给你们一个不正确的预期。但反过来想，做什么事情不痛苦呢？创作痛苦，打工痛苦，减肥也痛苦。人生总有痛苦，如果有机会让痛苦的点落在你爱的事情上，已经算是幸运了。所以，重点不是痛苦，而是爱。辛波斯卡说："我偏爱写诗的荒谬，胜过不写诗的荒谬。"创作大概也如此，真正的创作者不会回避痛苦，我们要学着偏爱创作的痛苦，胜过不创作的痛苦。

　　这是我第一次写书，在交稿之后，我其实处在一种焦虑之中，不知道我写的内容会不会有什么纰漏，能不能对读者有所帮助，有没有达到大家的心理预期。我觉得面对这个焦虑的经验很珍贵，因为这也是大家第一次创作脱口秀时会面对的焦虑，尤其是你在创作稿子，或者拿着稿子第一次上台表演之前，可能也会感受到类似的焦虑。

在这种焦虑中，一个偶然的机会，我读到了一本关于投资的书——《避风港：金融风暴中的安全投资》，这本书中提到了一个看似反常识，但非常重要的建议：不做预测。在解释的部分，一个关于射箭的类比击中了我：

弓箭手一旦将箭射出，就不会试图预测或精确定位它射中哪里。试图预测会导致目标恐慌，是徒劳无益的事情。离弦之箭（甚至是开弓之箭），已不在人的控制范围之内，它容易受到连续的干扰。因此，正如赫立格尔在《箭术与禅心》中所说，通过刻意不瞄准来实现瞄准——磨炼过程和体系（专注于"台下功夫"而不是箭的射程），这样做的目的很明确，那就是让射出的箭逼近靶心。

不要试图预测，这是我现在开始尝试拥有的心态，更重要的是，这也是一个脱口秀创作者应该拥有的心态。脱口秀所需要的，恰恰是磨炼过程和体系，通过不追求搞笑来最终实现搞笑。而一旦写完段子，准备好上台讲了，就不要有目标恐慌，做好你能控制的就好，担心会不会好笑是徒劳无益的。说完一个段子之后，你应该做的不是担心它好不好笑，而是努力说好下一个段子，就像弓箭手能做的，是射出下一支箭。

虽然极力避免，但我们最后还是不能免俗地聊到了喜剧意义的话题。我不想花太多篇幅探究这个问题。首先，因为喜剧的意义是什么其实没有那么重要。根据奥卡姆剃刀原理，如果不知道意义也可以做一件事，那就没有必要强求，事事都追求意义只会害了你。

其次，喜剧的意义到底是什么，我现在也说不太好。从乐观的角度，有些人会把喜剧视作对生活的一种反抗，或是治愈生活中伤痛的良药。与此同时，悲观一点的人会认为喜剧毫无意义。我的看法介于两者之间：我不认为喜剧真能有什么疗愈效果，它更多的只是转移了你的注意力，让你不再专注于痛苦，但这并不意味着喜剧没有意义。如果非要说，无意义的根源其实是人生，而喜剧试图去做的恰恰是无中生有，从人生的无意义中凭空创造出一些新的东西。

这凭空创造出的东西是什么？坦白说，我心里至今也没有清晰的答案。直到有一天在韩炳哲的《倦怠社会》中读到了一段话，我依稀看到了一点迷雾中的影子：

如果一个人在行走时感到无聊，又没有办法忍受无聊的话，他会焦虑、烦躁地转来转去，并且急切地寻找各式各样的活动。而那些对无聊更有耐心的人，将在忍耐了片刻之后意识到，也许是这种行走的方式令他感到无聊。这促使他去发明新的行走方式。跑步并不是新的行走方式，它只是加快速度的行走。舞蹈或者漂移则是全新的运动方式。只有人类能够跳舞。也许他在行走时体会到一种深度的无聊，并在无聊的激发下，将行走步伐改为舞步。然而同线型、笔直的走路相比较，动作花哨的舞蹈显得过于铺张，完全不符合效绩原则的要求。

人生是行走，喜剧是舞蹈。舞蹈的动作可能没有意义，但它用自己的无意义缓解了行走的无意义，这或许就是意义所在，也是一个脱口秀演员、一个喜剧演员唯一能做的事情。周梦蝶先生在诗集《孤独国》的扉页引用了奈都夫人的诗句——"以诗的悲哀，征服生命的悲哀"，我非常喜欢这句诗，在这里我想改写一下，作为这本书的结尾。这句话可能会让你觉得不知所云，或许有一天我能给出更好的证明，或者将其彻底推翻，但至少此刻，我是怀着百分之百的真诚，给出我对喜剧的理解，并和大家共勉：

以喜剧的无意义，消解人生的无意义。

图书在版编目（CIP）数据

不开玩笑：关于幽默、喜剧和脱口秀的严肃讨论 /
史炎著 . -- 长沙：湖南文艺出版社，2023.8
ISBN 978-7-5726-1323-4

Ⅰ．①不… Ⅱ．①史… Ⅲ．①演讲－语言艺术－通俗
读物 Ⅳ．① H019-49

中国国家版本馆 CIP 数据核字（2023）第 132900 号

上架建议：畅销·文化

BU KAI WANXIAO：GUANYU YOUMO、XIJU HE TUOKOUXIU DE YANSU TAOLUN
不开玩笑：关于幽默、喜剧和脱口秀的严肃讨论

著　　者：史　炎
责任编辑：吕苗莉
监　　制：董晓磊
策划编辑：公瑞凝
特约编辑：张雅琴
营销编辑：霍　静　张翠超　木七七七
版式设计：李　洁
封面设计：梁秋晨
内文排版：百朗文化
出　　版：湖南文艺出版社
　　　　　（长沙市雨花区东二环一段 508 号　　邮编：410014）
网　　址：www.hnwy.net
印　　刷：三河市百盛印装有限公司
经　　销：新华书店
开　　本：875 mm×1230 mm　1/32
字　　数：215 千字
印　　张：10
版　　次：2023 年 8 月第 1 版
印　　次：2023 年 8 月第 1 次印刷
书　　号：ISBN 978-7-5726-1323-4
定　　价：59.80 元

若有质量问题，请致电质量监督电话：010-59096394
团购电话：010-59320018

25.

成年人的崩溃都在一瞬间，

又称

秃发事件。

24.

"为什么大家不谈论大海呢？"小鱼问大鱼。

"谈河容易啊。"大鱼说。

23.

爱的信号

联通只有 5G,
而
爱情
36G。

PUN POEM

22.

爱情

明明知道不可能，

却还是

暗暗下定决心。

21.

"挣不到钱应该怪什么？"

"要分情况，如果大家都挣不到钱，那怪大环境。"

"如果只有我挣不到呢？"

"那怪难为情的。"

路灯

她走了，
把我
亮在原地。

PUN POEM

19.

每天在床上躺着，

也是一种

像死而生。

18.

交出一个差不多的东西，

简称"交差"。

PUN POEM

"这家卤煮，就这味儿，那叫—地道！"

"得了吧，我吃那家才叫地道！"

两位老北京开始了地道战。

16.

裸奔

他人笑我太疯癫，

我笑他人看不穿。

15.

涨潮了，

沙滩对浪花说：

"众爱卿有事启奏，

无事退潮。"

14.

致夜宵

你

不要再

馋着我了。

谐音诗集

13.

一朵云和一棵树互相喜欢，

但都不敢表白。

树担心云心里没树，

云害怕树不知锁云。

PUN POEM

又怎么能不长胖呢？

遇到喜欢的人，

吃吃地笑，

遇到不喜欢的人，

"喝喝"地笑。

11.

谁负责

没睡到自然醒，

但却

生了起床气。

PUN POEM

卡门

爱情就像卡门，

走不出来，

又回不去了。

9.

让人流泪的爱情故事

眼睛进了沙子，

就是沙子进了眼睛。

眼睛和沙子

相"进"如宾。

PUN POEM

8.

生活就像一杯啤酒，

你知道自己

活在杯具里，

但时间长了

也就没"啤"气了。

7.

一滴泪流到嘴里

"我真的泪了。"
眼睛说。
"我看你就是咸的。"
嘴巴说。

6.

五月天教会我的事

我打电话问

你还有多久能到。

你笑着说，快了快了。

但我听过五月天，我知道

你不是真正的快了。

PUN POEM

5.

一只鸽子，

孤独地

等待鸽多。

PUN POEM

谐音诗集

4.

当三文鱼遇到大米

这一刻忽然

觉得

好 sushi（寿司）。

PUN POEM

骑士与公主

骑士救了公主,

公主

对骑士说,

Good knight（好骑士）。

PUN POEM

2.

熬过午夜，

我们就可以

开心一点。

1.

世界以痛吻我，

我却报之以

咯咯咯咯咯咯咯。

PUN POEM

PUN POEM   谐音诗集